Ich lach mir einen Ast

Spaßgeschichten und Sprachspinnereien,
ausgesucht von Hans Gärtner
Bilder von Gabriele Kernke

Annette Betz Verlag

Die Deutsche Bibliothek – CIP-Einheitsaufnahme

Ich lach mir einen Ast: Spaßgeschichten und
Sprachspinnereien / hrsg. von Hans Gärtner. Ill. von
Gabriele Kernke. – Wien ; München : Betz, 1995
ISBN 3-219-10622-6

B 681/1

Total verrückt & ausgeflippt

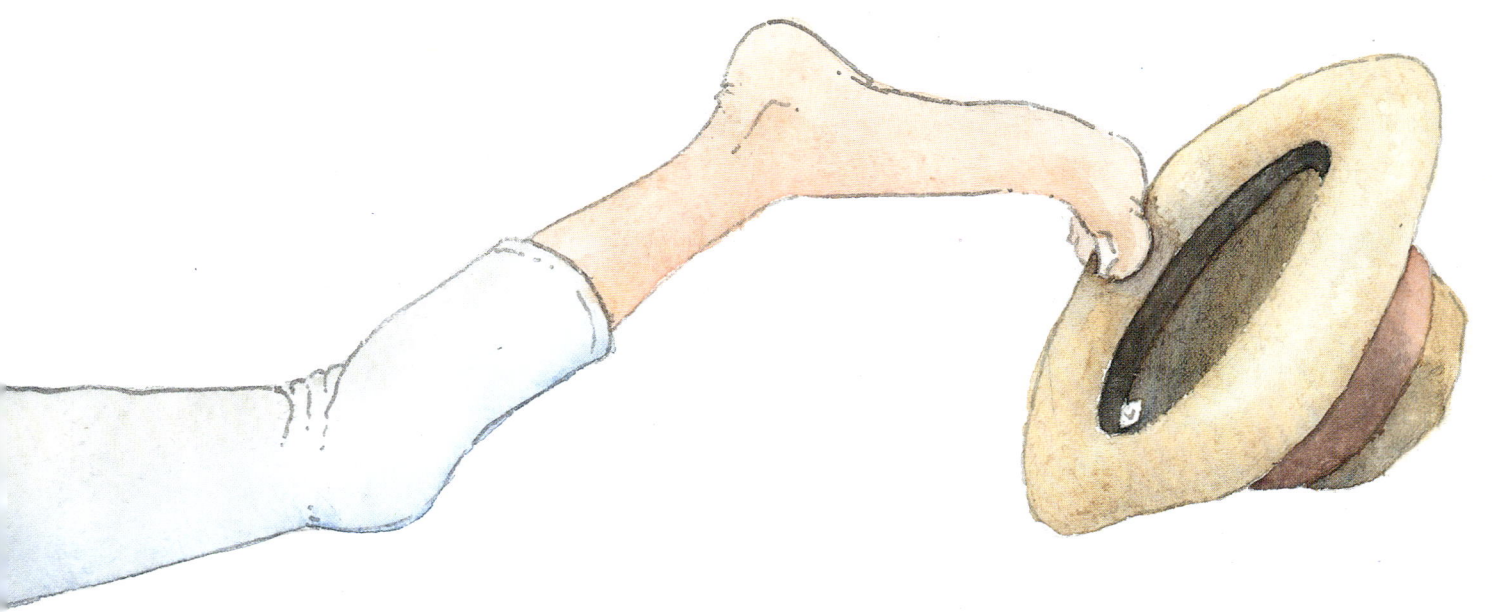

Der Kopf ist ab

Polly mal wieder.
Diese Bestie.
Dieses Miststück, das alle Leute süß und niedlich finden.
Klar! Blonde Locken, blaue Augen.
Wenn sie Flügel hätte, sähe sie wirklich aus wie ein Engel.
Frisch auf die Erde geschwebt.
Jetzt schläft sie selig und süß.
Und daneben steht er – ohne Kopf.
Echt, mir bricht das Herz.
Heulen könnte ich.
Aber am liebsten würde ich …
Na ja! Das muß ich mir natürlich verkneifen.
Sie würde bloß brüllen.
Und ich würde mal wieder Ärger kriegen.
Klar, weil ich eben die große Schwester bin.

Ich hab ihn nämlich angeschaut.
Gestern morgen. Ostersonntag. Da stand er neben meinem Bett.
Ich hab ihm voll in die Augen geschaut.
Blau waren sie, diese Augen.
Und sie haben mich angegrinst – ziemlich frech.
Ein toller Typ, dieser Osterhase mit der roten Schleife!
Also, den wollte ich aufheben – für immer.
Ich hab ihn ganz oben aufs Regal gestellt.
Klar steht er noch da.
Aber – der Kopf ist ab.
Aufgefressen – von ihr.
Von wem sonst?

Mama und Papa liegen noch im Bett.
Heute ist Ostermontag. Sie trinken Kaffee und lesen.
»Total gemein ist das!« schleudere ich ihnen entgegen.
Und da muß ich doch heulen.
Obwohl ich mir ganz fest auf die Lippen beiße.
»Der Kopf ist ab!«
Sie gucken ein bißchen blöd, die Eltern.
Wahrscheinlich sind sie gerade ganz woanders,
wie das beim Lesen eben so ist.
»Wer ist schlapp?« fragt Mama und blättert eine Seite um.
»Der Kopf ist ab! Der vom Osterhasen!« sage ich.
»Und ich wüßte gerne, wer das gewesen ist!«
»Aber Nickers!« sagt Mama. »Du weißt doch genau,
daß ich keine Schokolade esse. Niemals, Nickers!«

Wieder dieser Name!
Dabei weiß Mama ganz genau, wie sehr ich ihn hasse.
Trotzdem, immer wieder Nickers statt Anika.
Daß Polly eigentlich Paula heißt, ist mir ja egal.
Mein Name, verdammt noch mal, ist es mir nicht!
Mehr hat Mama nicht zu sagen.
Sie muß ja weiterlesen. In ihrem blöden Buch.

»Aber Nickers!« sagt Papa.
Auch er kann sich nicht losreißen von seinem Buch.
Nicht mal eine Sekunde guckt er hoch.
»Du kennst mich doch, Nickers.
Der Kopf hätte mir doch gar nicht gereicht.
Wenn, dann hätte ich ihn ganz gegessen, den Osterhasen.
Keinen Krümel hätte ich übriggelassen!«

»Also, dann doch dieses Miststück!« sage ich.
Renne raus, schmeiße die Tür hinter mir zu,
daß die Wände wackeln.
Jetzt ist *sie* dran!
Aber natürlich, wie immer, schaff ich's nicht!
Ich hab sie noch gar nicht angefaßt, da brüllt sie los.
Und schon stehen sie hinter mir.
Mit ihren Büchern in der Hand.
Ich bin mal wieder die Böse.
Die böse, große Schwester!
Denn die kleine streitet mal wieder alles ab.
»Nein, nein!« brüllt sie.
Viel mehr kann sie sowieso nicht sagen.
Polly ist zwei.

»Also, Nickers!« sagen sie zu mir.
»Sie ist es nicht gewesen.
Warum mußt du sie bloß immer verdächtigen?«
Dabei schütteln sie ihre Köpfe, traurig, na klar.
Sie sind mal wieder enttäuscht von mir.

Am nächsten Morgen stehen die Eltern vor der Fensterbank
im Wohnzimmer. Sie zeigen auf den Teppichboden.
»Nickers!« sagen sie und kräuseln ihre Stirn.
Nicht gerade freundlich.
»Bist du das gewesen?«
Gleich explodier ich. Wirklich!
Aber ich bleibe cool.
»Aus dem Alter bin ich doch raus, oder?«
Sie nicken. Ausnahmsweise mal.
Sie zerren Polly vom Rutschauto.
Klar, der neue Teppichboden ist versaut.
»Polly!« sagen sie und gucken ernst.
Endlich mal!
»Wühl bitte nicht in der Blumenerde, ja?
Wir haben dir doch gestern erst Knete gekauft!«
Polly schmeißt sich auf den Boden,
kreischt wie blöd:
»Nein, nein! Polly nein!«
Streitet sie das etwa ab?
Das finde ich echt dreist.

Am nächsten Morgen stehen sie im Bad.
Sie gucken ziemlich verzweifelt.
Die armen Eltern!
»Nickers!« sagen sie.
»Hast du die Folie mit den Pillen verschleppt?«
Cool bleiben, Nickers, sage ich mir.
»Ich bin schließlich acht, oder?« sage ich.
»Und der angenagte Apfel in der Obstschale?«
Sie meinen immer noch mich.
Das ist die Höhe!
»Mensch, warum bloß wieder ich?
Bestimmt war das Polly!
Ich bin echt zu alt für so was!«

Also, seit der Kopf ab ist,
sind hier im Haus alle ein bißchen verrückt.
Ich glaube, das nennt man Verfolgungswahn.
Blumenerde auf dem Wohnzimmerteppich,
verschleppte Pillenpackungen,
angenagte Äpfel und komische Krümel
auf dem Weg ins Kinderzimmer.
Sie reden von nichts anderem mehr.
Mamas Gesicht wird immer blasser,
Papas Falten werden immer faltiger.
Sie schauen sich an.
Sie schauen Polly an.
Ja, Polly! Endlich!
Jetzt ist sie dran!
Aber erwischt haben sie sie bis jetzt noch nicht.
In meine Richtung schauen sie kaum noch.
»Heute nacht bleibe ich wach!« flüstert Papa
Mama ins Ohr. »Jetzt weiß ich, was los ist!«

Ich schaffe es leider nicht, wachzubleiben.
Papa braucht jetzt morgens drei Tassen Kaffee mehr als sonst.
Seit einer Woche geht das so.
Er gähnt. Er meckert rum.
Und Mama?
Sie kommt mir irgendwie ein paar Kilo leichter vor.
Kein Wunder.
Neuerdings legt sie sich auf den Bauch.
Guckt unter die Betten.
Rückt die Schränke von der Wand.
Mit etwas irrem Blick.
Langsam mach ich mir echt Sorgen.
Wenn nicht bald was passiert,
dann landen die beiden noch in der Klapsmühle.
Und ich dann alleine mit Polly!
Nee! Lieber nicht!

Dann endlich!
Eines Nachts wache ich auf.
Wahrscheinlich vom Mond.
Der scheint mir dick ins Gesicht.
Ich steh auf.
Mitternacht ist längst vorbei.
Die alte Standuhr im Flur steht auf zwei.
In der Küche brennt Licht.
Komisch.
Da bleibt mein Herz stehen.
Ich sehe ihn.
Sein Kopf liegt auf dem Küchentisch.
Daneben steht eine Flasche Cognac.
Vom letzten Spanienurlaub.
Der gute Carlos I.
Die Flasche ist leer.
Neben dem Cognacglas liegt ein Holzlöffel.
Was ist denn hier los?
Auf wen hat er wohl gewartet?
Mir ist längst klar, wer hier alle bis an den Rand
des Wahnsinns bringt!

Wahrscheinlich ein Nest niedlicher Mäuse.
Aber ob die so'n großen Kopf schaffen?
Ich weiß nicht …
Da seh ich – jetzt geht's auch bei mir los –
ich reib mir die Augen …
An der Holzwand, da, wo die Fliesen anfangen,
da schlängelt sich rosafarben, zwanzig Zentimeter lang,
nein, nichts!
Ich krieg trotzdem 'ne Gänsehaut.
Also, eine Maus war das bestimmt nicht.
Wenn es überhaupt was gewesen ist.

»Auf wen wartest du, Papa?« frage ich.
Ich muß ihn lange schütteln, ehe er sich rührt.
»Das wüßte ich auch gerne!« flüstert er, ziemlich schwach.
Ich könnte es ihm ja verraten.
Aber das geht leider nicht.
Er würde glatt Fallen kaufen.
Und dann – nein!
Dabei haben sie bloß Hunger.
Ich sollte ihnen was organisieren.
Dann könnten sie auf die Blumenerde
und die blöden Pillen verzichten.
Das ist viel zu ungesund, das ganze Zeug.
Die nächste Nacht also! Äpfel und Nüsse …

Bloß, ich werd natürlich nicht wach.
Weil ich keinen Wecker hab.

12

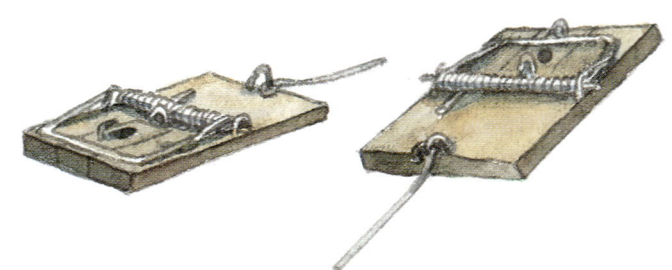

Eines Morgens dann – stehen sie in der Küche.
Mama und Papa, Arm in Arm. Mama heult.
Auf dem Küchenboden stehen drei Fallen.
Ich guck ganz schnell weg.
Das könnte ich nicht ertragen.
Drei süße kleine Mäuse,
zu Tode gekommen in unserer Küche.

Ich sage bloß, so cool wie möglich:
»Was ist los?«
»Sie sind leer!« sagt Mama.
»Irgend jemand hat den Käse rausgeholt!
Hier spukt es!«
Mir wird ganz komisch.
Wirklich, so daneben war Mama noch nie.
»Am besten, wir verkaufen das Haus und ziehen um!«
Jetzt ist sie übergeschnappt. Total!
Ewigkeiten haben wir nach diesem Haus gesucht.
Erst vor drei Monaten sind wir eingezogen.
Und ich finde es toll.
Wand an Wand mit Lilly, meiner besten Freundin.
Nee, ich zieh niemals von hier weg!

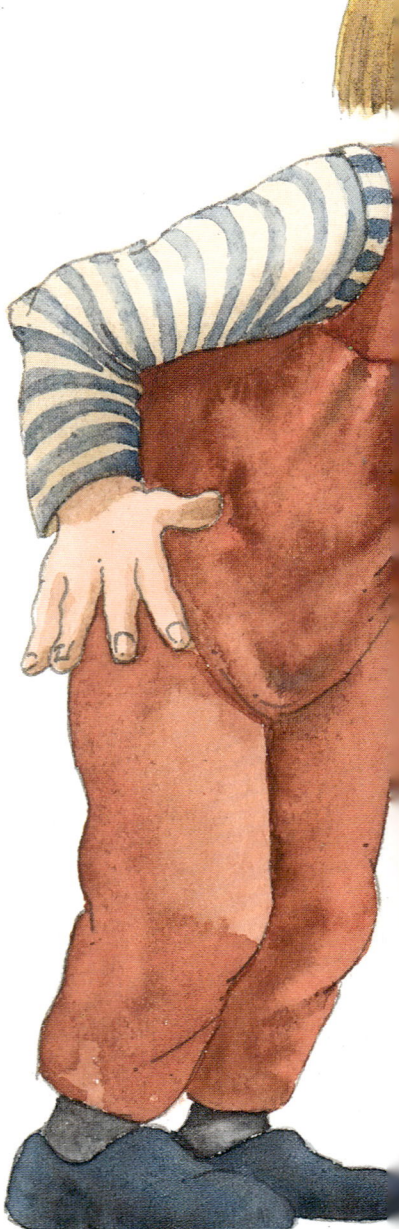

»Noch drei Nächte, dann bestell ich den Kammerjäger! Basta!«
sagt Papa. »Der macht es zwar mit Gift.
Das ist ziemlich brutal, find ich ja auch.
Aber eh' wir hier alle durchdrehen …«

In der ersten Nacht stecken sie Schinken in die Falle.
Am nächsten Morgen ist der Schinken weg.
In der zweiten Nacht stecken sie Nüsse in die Falle.
Am nächsten Morgen sind die Nüsse weg.
In der dritten Nacht stecken sie eine Gewürzgurke in die Falle.
Am nächsten Morgen ist die Gewürzgurke weg.

Am vierten Tag bestellt Papa den Kammerjäger.
In fünf Tagen wird er kommen.
Zur Zeit hat er keine Termine frei.
Alles ausgebucht.
»Wie halte ich das bloß aus?« jammert Mama.
»Wenn ich nur wüßte, wer uns das alles antut!«
Dabei guckt sie mich an. Klar!
Ich mal wieder!
Polly ist zu blöd für so was.
Bei ihren dicken Wurstfingern
würde die Falle zuschnappen. Sowieso!
Ich hätte das natürlich geschafft,
das Zeug da rauszuholen. Klar!
Schließlich bin ich acht.
Aber ich war's nicht.
Also, die Nerven meiner Mutter so zu ruinieren!
Davon hätte ich nichts. Bloß Streß!

14

Papa füttert die Fallen.
Jeden Abend neu.
Am nächsten Morgen sind sie leer.
Und dann, eines Tages – liegt alles unberührt.
Der gute Schinken, der französische Käse,
die teuren Nüsse.
Papa wird rot.
Mama wird blaß.
»Was soll das heißen?« flüstern sie.

Ich verzieh mich.
Das halt ich nicht aus.
Echt nicht.
In diesem Haus bleib ich keine Minute länger.
Zum Glück wohnt Lilly ja gleich nebenan.
Und die Tür steht auf.
So, als würde sie auf mich warten.
Ich marschier gleich hoch in ihr Zimmer.
Lilly grinst mich an.
Dann sagt sie:
»Der Kopf ist ab! Bist du das gewesen?«
Sie hält ihn mir unter die Nase,
ihren Osterhasen aus Schokolade …
Ja, es ist nicht zu übersehen.
Der Kopf ist ab!

DORIS MEISSNER-JOHANNKNECHT

Ein Krosch und eine Fröte

Ein Krosch und eine Fröte
waren gestern bei mir
spielten Flavier und Klöte
von drei bis fünf nach vier
wir aßen Kurst und Wäse
und tranken Tilch und Mee
dann gingen wir noch schwimmen
in den Sade-Bee!

Ein Kau und eine Pfatze
gesellten sich dazu
ein Glann mit einer Matze
und auch ein Rängukuh
wir spielten Huchs und Fenne
und sangen »Klänschen hein«
dann tanzte ich Lambada
mit einem Schwachelstein!

Der Krosch und diese Fröte
die lachten laut »helau!«
das Rängukuh, die Pfatze
der Glann und auch der Kau
es war die tollste Party
ein riesiges Hallo
nur ich – ich zieh seit Stunden
die Pacheln aus dem Sto!

WALTER MÜLLER

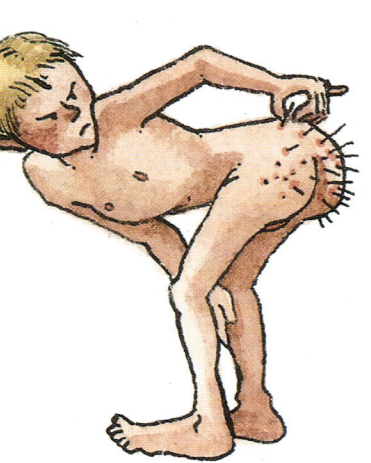

16

Hilfe, die Wohnung spielt verrückt!
Eine Lügengeschichte

Du wirst es mir nicht glauben: Wie ich neulich von der Schule nach Hause komme – was höre ich, noch bevor ich die Wohnungstür aufsperre? Der Fernseher dröhnt. Die Waschmaschine rumpelt. Und dabei kann doch gar niemand daheim sein. Meine Eltern arbeiten ja beide. Oder ist vielleicht die Oma überraschend gekommen?

»Hallo, Oma! Bist *du* da?« rufe ich laut, als ich die Wohnung betrete. Schallendes Gelächter empfängt mich – aus der Küche. Ich springe zur Küchentür, reiße sie auf und – erstarre. Das Gelächter kommt aus dem Backrohr.

Auf der großen Glasscheibe, durch die man sonst ins Backrohr blicken kann, läuft ein komischer Film in englischer Sprache, und bei jedem Gag lachen unsichtbare Zuschauer.

Ich eile ins Bad. Die Waschmaschine hüpft und rumpelt wie immer, wenn sie auf vollen Touren läuft. Ich blicke recht gern durch die runde Scheibe auf die Wäsche, die da tanzt. Aber diesmal tanzt da ein Brathuhn in der Waschmaschine.

Du glaubst mir nicht? Ich werde doch noch ein Huhn von einem Pyjama unterscheiden können!

Ich laufe hinüber ins Wohnzimmer.
Tatsächlich: der Fernseher ist eingeschaltet. Doch meine Oma sitzt nicht davor. Das Zimmer ist leer. Auf dem Bildschirm dreht sich unsere Wäsche im Schaumwasser. Und – platsch! Plötzlich wird der pitschnasse Pyjama herausgeschleudert – mir mitten ins Gesicht!

Ich versuche, den Apparat auszuschalten. Schließlich will ich mich von ihm nicht noch einmal beschießen lassen. Aber stell dir vor, der Fernseher läßt sich nicht ausschalten! Erst als ich den Stecker aus der Steckdose ziehe, verschwindet endlich das Bild.

Übrigens, meine Mama wunderte sich am Abend, daß die Schmutzwäsche aus dem Korb verschwunden war.

Ich wollte die Mama beruhigen und sagte: »Na ja, weißt du, die Wäsche liegt im Fernseher.«

»Und wie sollen wir sie da herausbekommen?« fragte die Mama.

»Er schleudert sie von selbst heraus«, meinte ich. »Wir müssen halt in Deckung gehen.«

Doch als ich den Stecker wieder in die Steckdose gedrückt hatte, brutzelte auf dem Bildschirm das Brathuhn.

»Und wo ist meine Wäsche?!« schrie die Mama verzweifelt auf.

Ich hatte so meinen Verdacht.

Und tatsächlich: Als wir in die Küche kamen und zum Herd hinüberblickten, drehte sich dort im Backrohr die Wäsche im Schaumwasser.

Und aus dem Bad dröhnte schallendes Gelächter…

ERNST A. EKKER

17

Unser verrücktes Dorf

Das ist Katharina Pferd,
die ihr Huhn spazierenfährt.

Das ist Bessie Ballernese,
die schießt die Löcher in den Käse.

Das ist unser Bürgermeister,
Fabrikant für Scheibenkleister.

Und hier kommt Jäger Jagelrund
mit Kuno, seinem klugen Hund.

Das ist Erfinder Heinrich Hase
beim Basteln einer Seifenblase.

Das ist Oberlehrer Meier,
der kocht zum Frühstück weiche Eier.

Das ist Maler Schimmelmann,
der malt grad den Himmel an.

Im Haus am Waldrand lebt Adele,
eine treue alte Seele.

Und der Schäfer Ingo Felber
strickt seine Sachen alle selber.

Das ist Polizist Matuschka,
er ermittelt bei Maruschka.

Das ist die Christel von der Post,
sie holt im Wirtshaus frischen Most.

Das ist die Bäckerstochter Lisa
mit Pizzeria-Chef aus Pisa.

Das ist Kaufmann Harry Ente,
der kein Wasser trüben könnte.

Das ist Pastor Willi Ledigt,
der am Sonntag lange predigt.

Das ist unser kluger Bernd,
der hat bei der Bank gelernt.

Das ist Apotheker Villen,
gab seiner Frau die falschen Pillen.

Das ist Susi, unsre Kuh,
die macht um sechs den Laden zu.

Das ist ihre Mutter
mit Mäusefutter.

Der Hasso ist ein scharfer Hund,
man fürchtet ihn nicht ohne Grund.

Das ist ihr Bruder Waldemar,
der eine Weile auswärts war.

Das ist Kitti Haselblatt,
die mir das berichtet hat.

Es ist das schönste Dorf der Welt,
keiner Wunder, daß es mir gefällt.

URSEL SCHEFFLER

Das ist ihr Vater
mit Nemo, dem Kater.

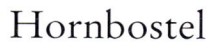

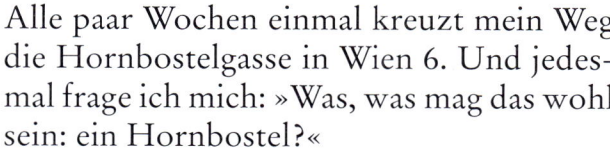

Hornbostel

Alle paar Wochen einmal kreuzt mein Weg die Hornbostelgasse in Wien 6. Und jedesmal frage ich mich: »Was, was mag das wohl sein: ein Hornbostel?«

Ist es ein Tier? Das australische Hornbostel, flink und buschig hüpft es von Ast zu Ast und stöbert mit seinem possierlichen Horn in verlassenen Känguruhnestern nach Kiwis.

Oder ist es eine Tiroler Sagengestalt? In der dritten Rauhnacht geht der Hornbostel um. Wenn in dieser Nacht ein Ehemann, dem seine Frau Hörner aufgesetzt hat, in den Spiegel blickt, grinst ihm die Fratze des Hornbostel entgegen.

Vielleicht ist es ein traditionelles alpenländisches Sportgerät? In den kurzen Nächten um die Sommersonnenwende trifft sich die dörfliche Jugend zum fröhlichen Hornbosteln.

Oder sind Hornbostel eine Krankheit? Vielleicht bekommt man von der Berührung mit Quallen Hornbostel an den Zehen?

Nun ja, das ist alles ziemlich unwahrscheinlich. Die Wiener Stadtverwaltung benennt die Gassen ja doch meist nach Leuten. Vielleicht heißt diese nach Johann Friedrich Hornbostel. Mit strengem Blick hinterm Zwicker, Stehkragen unterm Vollbart verborgen, der Erfinder der Hundesteuer. Oder nach Amalie Hornbostel, Heimatdichterin und Verfasserin der zum 50. Jubiläum der Eingemeindung vorgetragenen »Ode an Gumpendorf«.

Es gibt ein Buch, in dem alle Wiener Straßennamen erklärt werden. Ich könnte ja nachsehen. Aber wozu? In diesem Buch könnte ich *einen* Hornbostel finden. In meiner Phantasie finde ich *tausende.*

MARTIN AUER

Verteidigung eines Kobolds

Der Kobold hat mein Bügeleisen versteckt.
Das hat er noch nie getan. Sonst versteckt er
nur die Kaffeelöffel. Es gibt Tage, an denen
kein einziger Kaffeelöffel zu finden ist. Weder in der Abwasch noch in der Lade, nicht
in einem offenen Marmeladeglas, nicht einmal unter dem Tisch, wohin ein Kaffeelöffel sich manchmal ja verirren kann.

Für die Tatsache, daß es ein Kobold ist, der
die Löffel unsichtbar macht, spricht vor allem, daß nicht nur ein oder zwei oder drei
Kaffeelöffel verschwinden, sondern alle.
Sie verschwinden nicht alle gleichzeitig. Es
fängt damit an, daß man plötzlich das Ge-
fühl hat, es müßten eigentlich mehr Löffel
da sein. In den nächsten Tagen gibt es noch
zwei, drei Löffel – und dann sage ich:
»Aha.« Bald darauf sind plötzlich alle weg.
Vor allem dann, wenn jemand zum Kaffee
kommt.

»Kobold«, sage ich dann, »bitttttte!!!«
Selbstverständlich nützt das nichts.
Ich lege also Suppenlöffel neben die Ku-
chengabeln und entschuldige mich bei den
Gästen mit einem leicht rosigen Lächeln.
Ich sage: »Entschuldigt, aber mein Kobold
hat mir wieder einmal alle Kaffeelöffel versteckt!«
Gäste, die nichts von Kobolden wissen oder
nicht an sie glauben, sehen mich dann etwas
betreten an. Leute aber, die selber welche
haben, nicken und sagen: »Jaja.« Und
manchmal, wenn die richtigen Leute beisammen sind, erzählen sie, was ihre eigenen
Kobolde anstellen.
Das übliche ist, daß sie Fingerringe, die
man ganz bestimmt dorthin gelegt hat, wo
man sie dann sucht, zudecken. Man kann
die Kobolde bitten – freundlich, streng,
nachdrücklich, sogar mit erhobener Stimme –, es nützt nichts.
Wenn man es weiß und erst gar nicht sucht,

ist es am besten. Die Ringe oder sonstigen
Gegenstände tauchen in den nächsten Tagen
wieder auf. Wenn man sie nie wieder findet,
war's kein Kobold, sondern man hat sie selber verloren.
Es gibt Gegenstände, die meine Kobolde
nicht anrühren: zum Beispiel Brillen. Oder
Theaterkarten. Oder Schlüssel. Kugelschreiber schon. Auch die Zeitung, die man
wohin gelegt hat, die heutige natürlich. Ob
sie sie lesen, weiß ich nicht. Vielleicht wollen sie einen nur daran hindern, daß man
Zeitungen zu wichtig nimmt.
Der Umgang mit Kobolden will gelernt
sein, dann kommt man recht gut mit ihnen
aus.
Manchmal gehn sie auch zu weit, und wenn
man ihnen das sagt, sehen sie es meist ein
und geben das Versteckte gleich zurück be-
ziehungsweise machen es sofort wieder
sichtbar. So ist es zum Beispiel noch nie vor-
gekommen, daß sie das Fieberthermometer

verstecken, wenn jemand ernsthaft krank ist. Wenn man aber zwei Fieberthermometer hat, ein altmodisches, nicht ungefährliches (mit Quecksilberfüllung), und ein modernes Digitalthermometer, ein sehr bequemes, das piepst, wenn das Fieber nicht mehr steigt – dann verstecken sie das moderne. Vielleicht ist es ihnen zu kompliziert einfach.

Kobolde sind, soweit ich sie kennengelernt habe, umgängliche Wesen, die einen aber gern erschrecken. Jeder, der Kobolde im Haus hat, weiß das. Sie verstecken nicht nur Dinge, sondern trampeln oft ganz schön laut im Haus herum.

Nicht zu verwechseln sind sie mit Gespenstern, die heftig an Türen rütteln oder mit menschenartigen Tritten durch die Wohnung stapfen. Dazu sind Kobolde nicht groß genug.

Am ehesten erinnern sie an Zwerge. Sie haben Mützen auf, mit oben einem Zipfel, der mehr oder weniger aufrecht steht, manchmal auch zwei Zipfeln, die hinter den Ohren hervorstehen. Sie tragen eine Art Zwergengewand mit weiten Ärmeln, weite Hosen und seltsame Schuhe. Kobolde, die bloßfüßig herumtappen, sind mir persönlich noch nie untergekommen.

Selbstverständlich kann man Kobolde nicht sehen. Trotzdem spürt man, wie sie aussehen. Man hört sie auch hopsen. Und manchmal rollen sie. Dann freilich kann man sie sehen.

Meine Nachbarin hat neulich einen Kasten aufgemacht, um ein Taschentuch herauszunehmen – da kam ihr einer ihrer Kobolde entgegengerollt. Er sah aus wie eine sehr große, gläserne Seifenblase mit windigen Lichtfransen. Er rollte aus dem Kasten ins Vorzimmer, und dann sah sie ihn nicht mehr, aber sie hörte und spürte ihn. Er hopste herum, wie eine Kugel hopst oder ein recht unheimlicher, unsichtbarer Ball, der

23

kleine, spitze Kribbler ausschickt nach dem Menschen, der ihn beobachten will. Zwischendurch sitzt er irgendwo unsichtbar und still unter einem Sessel oder sonstwo, und man weiß nie, ob oder wann er einem an die Beine springen wird. Jedenfalls macht er einem Herzklopfen und drückt einem, wenn auch nur ein bißchen, den Hals zu. Das geht natürlich zu weit.

Die Nachbarin, wie gesagt, hatte neulich so einen und rief mich an.

»Was soll ich machen?« fragte sie. »Ich bin ganz durcheinander!«

»Sag ihm, daß das zu weit geht!« antwortete ich.

»Hab ich schon«, sagte sie. »Er zeigt sich auch nicht mehr, aber er ist da.«

»Ungemütlich«, sagte ich.

»Ja«, sagte sie. »Also was soll ich tun?«

»Kichert er?« fragte ich.

Ich hörte förmlich durchs Telefon, wie sie den Kopf schüttelte. »Du weißt doch, daß Kobolde nicht kichern«, sagte sie. »Also, was soll ich tun?«

Plötzlich wußte ich es. »Verbann ihn in den Kasten«, sagte ich.

»Mach ich«, sagte sie. »Ich ruf dich dann an.«

Ein paar Minuten später klingelte das Telefon. »Er sitzt im Kasten«, sagte sie mir. »Jetzt ist Ruhe.«

Am nächsten Nachmittag tranken wir zusammen Kaffee.

»Er sitzt noch immer im Kasten«, sagte sie. »Wie hast du's denn gemacht?«

»Ich hab gesagt: Ich banne dich, ich banne dich, ich banne dich in den Kasten«, antwortete sie, und ihre Augen glänzten und glühten plötzlich unheimlich.

Und ebenso plötzlich tat mir der Kobold leid.

»Laß ihn wieder heraus«, sagte ich. »Das ist ja kein Leben für einen Kobold. Er wird sich's schon merken.«

»Jaja«, sagte sie.

Ich war nicht dabei, als sie ihn wieder herausließ, sie hat es mir erzählt, aber ob er als Kugel herauskam oder als unsichtbarer Kobold, habe ich vergessen.

Das gehört dazu, daß man vergißt, daß sie mit uns wohnen.

Um die Geschichte mit dem versteckten Bügeleisen zu Ende zu erzählen:

Ich hab damals nicht länger als eine halbe Stunde danach gesucht. Ich hab eine andere Bluse angezogen.

Ein bißchen Vergnügen muß man einem Kobold schon gönnen. Sonst wird er traurig.

FRIEDL HOFBAUER

Der Kaktus

Der Kaktus stand auf dem Fensterbrett.
»Ich hab es satt, hier rumzustehen
und mit Wasser begossen zu werden!«
sagte er eines Tages.
Er marschierte ins Badezimmer, rasierte
sich und verließ das Haus.

Wohin er gegangen ist?
Das wußte zunächst niemand.

Aber heute,
heute kam ein Brief aus Tahiti:
»Helles Fensterbrett mit Blick aufs Meer
gefunden!
Schöne Gegend, gutes Klima!
Nette Frau kennengelernt, geheiratet!
PS: Ich habe mir wieder einen Bart wachsen
lassen.«

Ein Bild war auch dabei:
Unser Kaktus mit seiner Frau.

Vielleicht, hat Papa gesagt,
besuchen wir ihn einmal.

HEINZ JANISCH

Das Sprachgenie

Es war einmal ein Mann, der konnte in allen Sprachen niesen.

Ich erzähle keinen Mist: Auf französisch zum Beispiel heißt »hatschi!« »atchou«, auf italienisch »atsi!« und auf englisch » !«. Denn die Engländer sind so vornehm, daß sie stumm niesen.

Man konnte zu dem Mann hingehen und ihn bitten: »Niesen Sie doch einmal auf suaheli«, und er tat es. Er konnte es auch auf hindi und auf tschuktschisch und auf tscherkessisch, auf tibetisch und nepalesisch, auf chinesisch sowieso, aber zum Beispiel auch auf laotisch oder auf miao. In jeder Sprache der Welt konnte er niesen. Nur nicht auf esperanto, denn das ist eine künstliche Sprache, und der Herr Zamenhof, der sie erfunden hat, hat vergessen, ein Wort für das Niesen zu erfinden. Darum müssen bei den Esperantokongressen, wo Menschen aus allen Ländern zusammenkommen, um miteinander Esperanto zu sprechen, alle Teilnehmer, die Schnupfen haben, in der eigenen Sprache niesen.

Manche Leute fanden die Fähigkeit, in allen Sprachen zu niesen, ziemlich überflüssig. Sie sagten: »Das bringt doch nichts, das ist kompletter Unsinn! Der Mann kann sich noch nicht einmal in Venedig ein Bier bestellen!«

Aber andere fanden es doch sehr lehrreich. So konnte man doch erfahren, was für Sprachen und was für Leute es auf der Welt gibt. Oder hättest du gewußt, daß es Sprachen wie Tscherkessisch, Tschuktschisch oder Miao überhaupt gibt?

MARTIN AUER

ERLLAUM
BAUM
RUSCHEL
FREK
LODIGO
RIGIMU
HEMMELTÖRK

Vielseitige Geschichte

Also, da war ein richtiger Follerbaum, ein Jodimichtel, ja, man könnte ihn fast einen Ruschelfrek nennen. Trotzdem fand er keine Ribida, weder beim Lodigo noch beim Karesahn, er fand nicht einmal eine Olidago, mit der er ein wenig hätte nitschern können. Selbst zum Vertocken fand er keine! Doch als er eines Tages in seinem Ringling schloffte, da erschien plötzlich eine Iffidata, mehr noch: eine waschechte Schollidine, und ohne jedes Zögern machte sie mit ihm ein Nigifalto, dann eine Rigimu, schließlich sogar ein vollkommenes Hottelpottel. Daran kann man erkennen, daß auch ein absolut luschiger Hemmeltörk letztlich noch eine Littifan finden kann, mit der es sich luppeln läßt.

KARLHANS FRANK

Ein Bericht von Gewicht

Ein Ge(h)dicht traf ein Stehdicht,
das stand so still und stumm.
Das Ge(h)dicht sagte: »Steh nicht,
und geh mit mir herum!«

Gesagt, getan, das Stehdicht,
das Stehdicht ging auch mit
und sprach schon bald zum Ge(h)dicht:
»Ich wär' so gern zu dritt.«

Drum liebt das Ge(h)- das Stehdicht
für nichts und gar kein Geld.
Und dann erblickt ein Drehdicht
das grelle Licht der Welt.

MANFRED SCHLÜTER

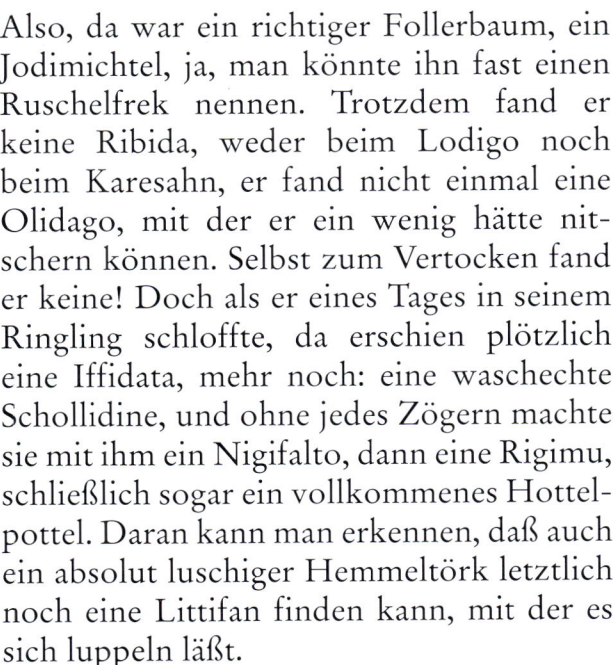

Staune nicht schlecht
& wundere
dich nur

Kaum zu glauben!

Wir hatten einen schönen Garten. Im Frühjahr blühten darin blaue Schwertlilien, im Sommer glühten die roten Tomaten an den Stauden, und im Herbst wuchsen in dunkelgrünen Bäumen die Zitronen. Sogar Kartoffeln hatten wir und gelbe Rüben. Und davon nicht wenige. Es war ein wunderbarer Garten.

Im letzten Frühjahr blühten die Schwertlilien besonders schön. Doch als wir eines Morgens aus dem Fenster sahen, gab es keine Schwertlilien mehr. Dort, wo welche gestanden hatten, gähnte nur noch ein dunkles Loch. Rocco bellte wie verrückt, als er die Verwüstung sah, und unsere Katze Lidia, die so gerne zwischen den Schwertlilien ihren Mittagsschlaf gehalten hatte, sprang vor Entsetzen in die Höhe. Wir andern waren sprachlos vor Kummer. Ich weinte, und mein Bruder Mario hieb vor Zorn mit einem Stock durch die Luft, daß es pfiff. Papa schüttelte immer und immer wieder den Kopf, und Mama seufzte laut.

»Wer kann das nur gewesen sein?« fragte Mario.

»Sicher Wildschweine«, schluchzte ich.

»Aber unser Zaun ist doch dicht«, sagte Papa. »Und fliegende Schweine gibt es nicht.«

Da kam der Jäger Irio vorbei. »Es könnten Ziegen gewesen sein«, sagte er, als wir ihm die Bescherung zeigten. »Die springen auch über Zäune!«

»Aber seit wann graben die denn Löcher?« fragte Papa. Irio wußte es auch nicht.

Als wir am nächsten Tag aufstanden, gab es die Kartoffelstauden nicht mehr. Dort, wo sie einmal gewesen waren, war nur noch ein großes Loch. Und darin fanden Mario und ich zwei lange Stacheln. So lang wie Stricknadeln. Sie waren braun-weiß gemustert und sahen sehr hübsch aus.

Als der Jäger Irio des Weges kam, zeigten wir sie ihm.

»Stacheln von Stachelschweinen«, sagte er. »Mit ihnen werdet ihr viel Ärger haben! Wenn Stachelschweinen einmal ein Garten gefällt und ihnen schmeckt, was darin wächst, sind sie nicht mehr zu vertreiben. Sie sind nämlich ebenso schlau wie gefräßig. Und sie finden immer einen Durchschlupf. Notfalls graben sie sich einen.«

»Können wir denn gar nichts gegen sie machen?« fragte Mama.

»Ihr könntet Fallen aufstellen«, schlug Irio vor.

»Bei uns wird keine Falle aufgestellt«, sagte Mama.

»Dann müßt ihr euch nachts auf die Lauer legen und sie erschießen!« sagte der Jäger.

»Nein«, entgegnete Papa. »Bei uns wird niemand erschossen.«

»Dann müßt ihr die Hecken anzünden, die rund um den Garten wachsen«, rief unser Nachbar Casparo über die Straße. »Denn Feuer können die Stachelschweine gar nicht leiden.«

Papa und Mama sahen sich verzweifelt an. Sie mochten die Hecken besonders gern.

»Macht doch einfach einen furchtbaren Lärm, wenn die Stachelschweine auftauchen«, schlug Lucia vor. Lucia gehörte der Laden im Dorf. Wir erzählten ihr von unserem Kummer, als wir bei ihr einkauften.

Die Idee gefiel uns. In der Abenddämmerung schlichen wir, mit Topfdeckeln und Kochlöffeln bewaffnet, zu den Hecken am Zaun. Doch gerade in dieser Nacht suchten uns die Stachelschweine nicht heim. Nicht ein einziges erschien. Als der Morgen schon dämmerte, gingen wir frierend und erschöpft ins Haus.

In der Nacht darauf aber, als wir alle schliefen, wüteten die Stachelschweine wieder. Diesmal machten sie sich über die gelben Rüben her.

»Die alten Schweine!« rief Mario, als er früh aus dem Fenster sah.

Wir waren ratlos. Niemand wollte mehr in den Garten gehen. Sein Anblick machte uns traurig.

An diesem Tag besuchte uns die alte Clara. Die alte Clara war die älteste Einwohnerin des Dorfes, und sie wußte oft einen Rat, wenn andere keinen mehr wußten.

»Stachelschweine?« sagte sie. »Die kann man leicht verjagen. Dazu braucht ihr weder Fallen noch Feuer und schon gar kein Gewehr.«

»Ja, wie denn?« fragte Papa.

»Ihr müßt einfach in den Garten pinkeln«, antwortete die alte Clara. »Und zwar nicht irgendwohin, sondern am ganzen Zaun entlang. Stachelschweine mögen das nicht. Nicht um alles in der Welt.«

»Das soll wohl ein Witz sein!« rief Papa.

»Ich pinkle nicht in den Garten!« flüsterte ich entsetzt. »Wenn mich dabei jemand sieht! Niemals!«

»Was sein muß, muß sein«, sagte Mama. »Man kann sich auf der Welt nicht alles aussuchen«, und sie machte sich auf zu den dichten Büschen am oberen Zaun.

»In den Garten pinkle ich nur, wenn's dunkel ist«, murrte Mario.

»So geht's nicht«, sagte die alte Clara. »Wenn ihr was gegen die Stachelschweine ausrichten wollt, braucht ihr jeden Tropfen.«

So hängten wir Tücher über den Gartenzaun, die uns vor neugierigen Blicken schützten, und machten uns an die Arbeit. Die Stachelschweine sind nicht mehr gekommen. Eines Nachts haben wir sie zwar noch einmal in der Nähe des Zauns gesehen, aber keines kam ihm zu nah. Es war, als ob eine unsichtbare Wand sie abhalten würde. Wir haben auch wirklich gute Arbeit geleistet: Kein Stückchen hatten wir ausgelassen.

FRIEDERUN REICHENSTETTER

31

Wenn das kein Glück war!

Michaela hatte Glück. Immer und überall Glück. Soviel Glück, daß sich die ganze Klasse ärgerte. Selbst Peter, ihr bester Freund, schüttelte den Kopf.

Eines Tages brachte Michaela ein Stofftier in die Schule. Das war kein gewöhnliches Stofftier, nein. Es war ein grüner Riesenbär, größer als Peter und fast so groß wie die Lehrerin.

»Den hab ich beim Volksfest gewonnen«, sagte Michaela. Sie setzte ihn auf den Fußboden, neben ihren Stuhl.

»Wie heißt du denn?« fragte die Lehrerin und zupfte das Stofftier an den Ohren. Aber der Bär blieb stumm.

Nur manchmal, wenn die Lehrerin streng zu den Kindern war, drückte Michaela auf seinen Bauch. Dann brummte er und knurrte ärgerlich. Besonders laut brummte er, als der kleine Erkan, ein türkischer Junge, geschimpft wurde. Was konnte Erkan dafür, daß er kaum Deutsch verstand und deshalb im Unterricht manchmal schlief?

An diesem Tag war Michaela nicht sehr aufmerksam. Auch die anderen Kinder schauten immer wieder auf den grünen Teddy. Schließlich ging die Schule zu Ende. Als der Gong ertönte, packte Michaela ihre Bücher und Hefte in die Tasche. Danach trug sie das Stofftier bis zum letzten Tisch. Dort saß Erkan, der jetzt große Augen bekam.

Michaela schenkte ihm den Teddy, einfach so.

»Bestimmt hat er es gut bei dir«, sagte sie und fügte hinzu: »Ich kauf mir ein neues Los.«

Auf dem Heimweg trottete Peter neben Michaela her. Er schwieg eine Zeitlang. Schließlich hielt er es nicht mehr aus. »War das dein Ernst?« fragte er. »Glaubst du wirklich, daß du ein zweites Mal gewinnst?« Michaela lachte nur und warf den Kopf zurück. Das tat sie immer, wenn sie gute Laune hatte.

Von der Schule war es nicht weit bis zur Festwiese. Sie bogen in die kleine Straße neben der Kirche ein. Am Ende der Straße stand das Bierzelt. Seine blauen Streifen leuchteten in der Sonne. Es war noch ruhig auf dem Platz. Eine Frau reparierte die Orgel, die zum Kettenkarussell gehörte. In Peters Nase stieg der Duft von gebrannten Mandeln und Bratwürsten. Ein paar Stände hatten schon geöffnet. Auch der Losstand.

Michaela griff nach ihrem Geldbeutel. Sie kaufte ein Los, nur ein einziges, und wickelte das Papier sorgfältig auseinander.

»Mach's nicht so spannend«, wollte Peter sagen. Aber Michaela kam ihm zuvor. »Ich hab gewonnen! Ich hab gewonnen!« schrie sie voll Freude und umarmte ihn. Dann zeigte sie auf ein Nilpferd mit schwarzen Knopfaugen.

Peter ärgerte sich: Das war ungerecht! Verflixt und zugenäht, es war ungerecht! Bei allem, was Michaela tat, hatte sie Glück.

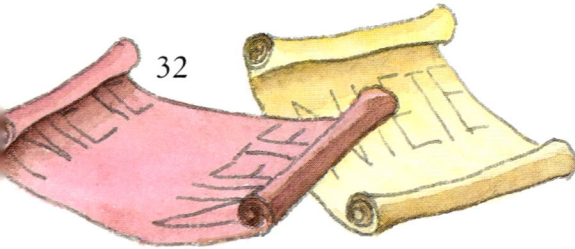

»Lieber Gott«, sagte Peter leise, und seine Stimme klang alles andere als freundlich, »du verwöhnst die Michaela. Denk daran, daß auch die anderen Menschen gewinnen wollen.«

Er gab sein ganzes Geld für Lose aus. Zehn Lose, die er hastig aufriß. Zehn Lose, zehn Nieten. Nicht einmal ein Trostpreis war dabei, irgend etwas Belangloses, eine winzige Kleinigkeit …

Mit jeder Niete wuchs Peters Zorn. Schließlich konnte er sich nicht mehr beherrschen. Wütend trat er gegen einen Stein. Der flog durch die Luft und landete im Süßigkeitenstand. Es klirrte, es schepperte. Ein Bonbonglas zersprang.

Die Verkäuferin an der Theke hatte sich rechtzeitig geduckt. Jetzt stemmte sie die Arme in die Seite und holte tief Luft, um zu schimpfen. Da sah sie Peter, der wie gelähmt vor ihr stand. Sein Gesicht war tomatenrot; er zitterte und brachte kein Wort heraus.

»Denk dir nichts«, sagte die Verkäuferin auf einmal. »Das kann passieren.« Dann bückte sie sich und warf Peter ein paar Bonbons zu, die zwischen den Scherben auf dem Boden lagen.

Peter fing die Bonbons auf. Er stammelte etwas, das nach Entschuldigung klang, drehte sich um und lief weg. Erst daheim, vor dem Gartentor, hielt er an. »Wenn das kein Glück war«, dachte er und mußte heftig atmen. »Soviel Glück hat nicht einmal die Michaela gehabt.«

ERICH JOOSS

Es war einmal ein sehr fähiger Polizist.
Und es war einmal ein sehr talentierter Verbrecher. Der verbrach ein Leben lang, was es für anspruchsvollere kriminelle Gemüter zu verbrechen gab.
Und der Polizist verhaftete sein Dienstleben lang, was es haftbar zu machen galt.
Der Verbrecher träumte oft von einem fähigen Polizisten, den zu überlisten es wirklich Spaß machen würde.
Der Polizist träumte öfter von einem genialen Verbrecher, den er letzten Endes doch fangen könnte.
Und eines Tages begegneten sich beide beinahe.
Aber im letzten Moment kam etwas dazwischen.

LUTZ RATHENOW

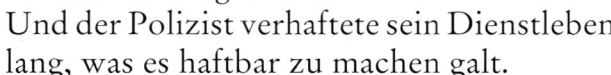

Die unendliche Cassette

Da kommt ein Walkman-Mädchen auf die Freundin zu und sagt kopfschüttelnd: Mein Walkman muß kaputt sein.

Wieso? Er schaut doch ganz *ganz* aus! wundert sich die Freundin.

Er spielt immer dasselbe Lied. Ununterbrochen. Es nimmt kein Ende, behauptet das Walkman-Mädchen.

Ah, du hast also die unendliche Cassette eingelegt?

Natürlich habe ich die unendliche Cassette eingelegt. Die ist doch der neueste Hit. Hast du auch diese irre Fernsehwerbung gesehen?? Da kommt ein Walkman-Mädchen auf die Freundin zu und sagt kopfschüttelnd: Mein Walkman muß kaputt sein.

Wieso? Er schaut doch ganz *ganz* aus! wundert sich die Freundin.

Er spielt immer dasselbe Lied. Ununterbrochen. Es nimmt kein Ende, behauptet das Walkman-Mädchen. – Ah, du hast also die unendliche Cassette eingelegt?

Natürlich habe ich die unendliche Cassette eingelegt. Die ist doch der neueste Hit. Hast du auch diese irre Fernsehwerbung gesehen?? Da kommt ein Walkman-Mädchen auf die Freundin zu und sagt kopfschüttelnd: Mein Walkman muß kaputt sein …
(undsoweiterundsofort)

GERHARD HOFER

35

Moritz und das komische Wunder

Moritz kauft sich eine Wundertüte. Als er sie aufreißt, findet er nur ein Kaugummistückchen und ein Autobild. Und eigentlich hat sich der kleine Moritz richtige Wunder immer ganz anders vorgestellt.

Enttäuscht geht Moritz nach Hause. Seine Eltern sind im Wohnzimmer. Die sehen ziemlich griesgrämig aus. Da hat er gar keine Lust, sich zu ihnen zu setzen.

»Erst kaufe ich mir eine blöde Wundertüte. Dann haben meine Eltern schlechte Laune. So geht das nicht weiter«, denkt der kleine Moritz. Und er weiß auch schon, was er tun will, damit dieser Nachmittag doch noch gut wird. In seinem Zimmer nimmt er Papier und faltet es zu einer Tüte. »Eine richtige Wundertüte muß man sich selbst basteln«, denkt er. Damit sie auch weiß, daß sie eine richtige Wundertüte ist, schreibt er das darauf. Dann legt er einen Zettel hinein. Auf dem steht: »Damit das ein schöner Nachmittag wird, darf sich Moritz ein Wunder wünschen. Das geht dann auch in Erfüllung.«

Aufgeregt hält Moritz die Tüte in der Hand. Er überlegt, was er sich wünschen soll. Ein großes Wunder? Ein blaues Wunder? Was denn nur? Und da fällt es ihm plötzlich ein. Ganz klar: Seine Mutter und sein Vater haben schlechte Laune. Da wünscht sich Moritz jemanden, der immer nur gute Laune hat und immer nur lacht. »Das wäre prima«, denkt er.

Schon pustet Moritz seine selbstgebastelte Wundertüte auf. Im nächsten Augenblick schlägt er mit der Hand gegen das pralle Papier. Mit lautem Knall zerplatzt es. Erst einmal hört Moritz nichts, dann eine Stimme, die kichernd sagt:

»Hallo! Und guten Tag! Hier bin ich, der mittelgroße, mitteldicke Mann mit der fast zu engen Jacke, der immer nur wunderbar gute Laune hat und über alles lacht.«

Hinter dem kleinen Moritz steht einer, der lachend und prustend seine Mütze zieht. »Tolle Mütze, was?« fragt er kichernd.

Moritz nickt und sagt: »Schön, daß du kommst. Du siehst wirklich lustig aus.«

»Ich bin's auch. Und ich war noch nie anders«, antwortet der Mann. Dann schlägt er dem kleinen Moritz auf die Schulter und ruft: »Immer heiter, immer guter Dinge!«

»Au!« stöhnt Moritz. »Nicht so fest. Das tut weh!«

»Das tut weh?« wiederholt der lustige Mann kichernd. »Das tut nicht weh. Das ist lustig. Lustige Menschen schlagen anderen vergnügt auf die Schulter. Damit zeigen sie, daß sie lustig und vergnügt sind. Lustig, was?«

»Überhaupt nicht, wenn es weh tut«, ärgert sich der kleine Moritz.

»Wie finde ich denn das?« kichert der lustige Mann. »Da sagt dieser kleine Kerl doch einfach, daß das nicht lustig ist, wenn ich ihm vergnügt auf die Schulter schlage. Sehr komisch.«

»Kannst du auch was anderes?« will Moritz wissen. »Vielleicht etwas, das nicht weh tut?«

»Natürlich«, strahlt der Mann. »Ich kann dir vergnügt in die Seiten boxen. Kichern, prusten, lächeln, lauthals lachen und Witze erzählen kann ich natürlich auch. Kennst du den vom Kaninchen, das in die Apotheke kommt?«

»Den Witz hat mir mein Vater erzählt. Und in der Schule habe ich ihn auch schon gehört«, sagt der kleine Moritz.

»Das ist aber witzig«, findet der lustige Mann. Bevor Moritz fragen kann, was daran witzig ist, setzt sich der Mann auf einen Stuhl. Dann deutet er auf Moritz und lacht, daß ihm die Tränen aus den Augen kullern. Dabei trocknet er mit einem riesigen Taschentuch sein Gesicht ab.

»Lachst du mich aus?« fragt der kleine Moritz.

»Klar«, antwortet der Mann zwischen zwei Lachanfällen. »Wie du so klein und wütend dastehst. Und dein Name, zum Schieflachen. Soll wohl witzig klingen«, amüsiert sich der lustige Mann. Obwohl Moritz sich ärgert, will er wissen: »Hast du nie schlechte Laune? Traurig bist du auch nie?«

»Über solche Fragen kann ich nur lachen«, prustet er.

»Das gibt's doch gar nicht«, denkt Moritz. »Bei dir klappt doch bestimmt auch mal was nicht«, sagt er. »Dann sitzt du da und kannst über gar nichts lachen.«

»Du sagst aber lächerliche Sachen«, stellt der Mann fest. »Nein, was der kleine Kerl sich so ausdenkt! Ich habe nie schlechte

Laune. Traurig bin ich auch nicht, nie gewesen. Und ich werde das auch nie sein. Wo kämen wir denn da hin? Dann wäre das Leben nur halb so lustig. Ich will über alles lachen.« Über alles? Moritz kann sich das kaum vorstellen. Er schafft es nämlich wirklich nicht, über alles zu lachen.

»Ist doch überall sehr lustig«, erklärt der Mann. »Sieh dich doch um. Der stolpernde Mann auf dem Gehsteig draußen, zum Beispiel. Da, jetzt stößt er sich. Das sieht doch spaßig aus. Wie der jetzt sein Bein reibt. Und was der für ein ulkiges Gesicht zieht. Wie im Film. Einfach zum Kichern.«

»Der hat sich wirklich gestoßen, und das tut ihm weh. Darüber kannst du doch nicht lachen«, ärgert sich Moritz.

»Kann ich nicht?« fragt der Mann und lacht: »Hohoho!« Dann öffnet er das Fenster. Zu dem Mann, der immer noch sein Bein reibt, sagt er: »Du solltest mal dein Gesicht anschauen. Sieht zum Piepen aus. Stoß dich doch bitte noch einmal. Das war so lustig.«

»Sie unverschämter Lachsack!« ruft der Mann von unten empört zum lustigen Mann hinauf.

Der bekommt kaum noch Luft. »Lachsack hat er gesagt. Ist das ein lustiges Wort!« Vor Vergnügen kreischt er. Feuerrot läuft sein Gesicht an, und er kann sich nicht mehr beruhigen. »Lachsack!« kichert, prustet und johlt er. Moritz beugt sich aus dem Fenster. Dann erklärt er dem Mann auf dem Gehsteig: »Der ist nicht ganz richtig im Kopf. Er lacht über alles.« Und zum Mann, der über alles lachen muß, sagt er: »Das kannst du doch nicht machen!«

»Du wirst lachen«, sagt der Mann. »Ich kann das.« Und er hält sich seinen hüpfenden Bauch. Er kreischt, daß ihm der Knopf von der engen Jacke abspringt. Sofort klebt er sich den mit Kaugummi hinter das Ohr. »Mach ich immer so«, strahlt er den kleinen Moritz an. »Lustig, was? Bin ein fröhlicher Kerl. Mein Bauch wackelt. Sieh ihn dir nur an! Da platzt schon wieder ein Knopf ab.«

Ein seltsam lächerliches Wunder ist das, findet der kleine Moritz. Der geht mir richtig auf die Nerven, obwohl ich ihn mir gewünscht habe. Eigentlich hat er sich den ganz anders vorgestellt. Viel freundlicher. »Schade, daß ihm nur die Knöpfe von seiner Jacke platzen«, denkt der kleine Moritz. »Der sollte selbst platzen.«

»Freu dich mit mir! Lache! Laß uns lustig sein!« fordert der Lustige den kleinen Moritz auf. Schon wieder springt ihm ein Knopf ab. Der vierte ist das, zählt Moritz leise mit. Jetzt hat er keinen mehr an der Jacke. Mal sehen, was danach noch platzt.

Den Mann schüttelt es. Er wiehert und prustet. Er schlägt sich auf die Schenkel. Immer wieder plustert er sich auf. Jetzt hat er sich schiefgelacht, stellt der kleine Moritz fest, als der Mann völlig krumm auf dem Stuhl sitzt. Und dann fällt er vom Stuhl. Aber auch das findet er lustig.

Mit den Beinen strampelnd, liegt er auf dem Teppich. Reden kann er nicht mehr. Jetzt überschlägt sich seine Stimme. Danach überschlägt er sich selbst. Dann brüllt er vor Lachen, lauter als je zuvor. Bei diesem fürchterlichen Lacher ist der Mann geplatzt. Auf dem Boden liegen die Fetzen von der Wundertüte, die der kleine Moritz gebastelt hat. Nicht ein Stückchen von dem Mann. Nur den Zettel findet er, auf dem steht, daß sich Moritz ein Wunder wünschen darf. Und zwar eines, das immer nur lacht und immer nur gute Laune hat.

»Puuh«, denkt der kleine Moritz. »So wunderbar war das gar nicht. Ich habe mich ziemlich über ihn geärgert. Aber da lacht ja schon wieder was. Ist er zurückgekommen?«

Aus dem Nebenzimmer hört er das. Seine Eltern lachen. Der kleine Moritz staunt, denn die hatten vorhin schlechte Laune. Er rennt ins Wohnzimmer. Da sitzen sie auf dem Sofa, kichern miteinander und geben sich einen Kuß. Und der kleine Moritz bekommt auch einen. »Wenn die so gute Laune haben, brauche ich mir keine Wunder mehr zu wünschen«, denkt Moritz. Und er fragt: »Was ist denn mit euch los? Erzählt doch mal! Danach erzähle ich auch was.«

Obwohl seine Eltern neugierig sind, verrät der kleine Moritz noch nichts vom Mann, der nur lachen konnte. Erst mal sind *sie* mit dem Erzählen dran. Er setzt sich zwischen die beiden und ist froh, daß sie gute Laune haben. Sie lachen, und der kleine Moritz findet das richtig prima.

ACHIM BRÖGER

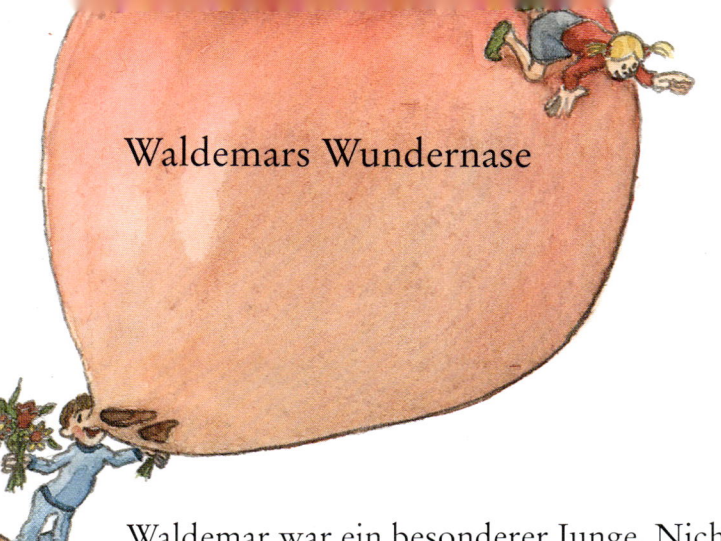

Waldemars Wundernase

Waldemar war ein besonderer Junge. Nicht weil er mitten im Gesicht eine Nase hatte, denn das ist ja nichts Ungewöhnliches. Aber so eine Nase wie die von Waldemar war etwas Seltenes. Das Seltene an Waldemars Nase war, daß sie immer tropfte. Waldemar hatte ständig Schnupfen. Das ganze Jahr über. Waldemars Nase war ausgesprochen empfindlich. Im Frühling, wenn die Blumen zu blühen begannen, bekam Waldemar Schnupfen. Im Sommer plagte ihn der Heuschnupfen, im Herbst bekam er Schnupfen vom Wind. Und im Winter, wenn alle Kinder Schlitten fahren gingen, lag Waldemar mit Schneeschnupfen im Bett und mußte widerliche Schnupfentropfen nehmen. Klar, daß Waldemar seine Nase ganz schön bescheuert fand.

Eines Tages hatte Waldemar die Nase gestrichen voll. »Meine Nase geht mir endgültig auf den Keks!« rief er.

Da geschah etwas Unglaubliches. Aber am besten, ich erzähle der Reihe nach:

Am Montag – er lag mal wieder mit einem dicken Schnupfen im Bett – bekam Waldemar Besuch. Und zwar von seiner Freundin Claudia. Sie überreichte ihm einen großen, bunten Blumenstrauß. Als Geschenk, damit er sich freut. Aber Waldemar freute sich nicht über die Blumen. Zumindest nicht sofort. Er spürte nämlich, wie seine Nase anschwoll, als er nur kurz an einer Tulpe schnupperte. Für Waldemars Nase gibt es nichts Schlimmeres als Tulpen. Kaum hatte Waldemar seine Nase in die Tulpe gesteckt,

da geschah es. Er bekam einen gewaltigen Niesanfall. Er mußte so niesen, daß sogar sein Bett wackelte. Er mußte einmal niesen, zweimal, dreimal, ja über ein Dutzend mal. Und je länger Waldemar nieste, desto stärker schwoll sein Riechkolben an.

Zunächst war seine Nase so groß wie ein Hühnerei, dann wurde sie groß wie ein Luftballon, und schließlich hatte seine Nase die Größe eines mittleren Fesselballons erreicht. Da hob Waldemar mitsamt seiner Nase ab. Ganz sacht schwebte er an die Zimmerdecke.

Claudia sah staunend in die Höhe. »Wie ist's denn da oben?« wollte sie von Waldemar wissen, der an der Decke klebte und mit den Beinen wackelte. »Eigentlich ganz nett«, antwortete Waldemar. »Aber am besten, du überzeugst dich selbst!«

Ohne zu zögern, kletterte Claudia an Waldemars Beinen nach oben und setzte sich auf seine Nase.

Kaum war Claudia oben angekommen, begann Waldemars Nase zu leuchten. Erst rot, dann blau und schließlich smaragdgrün. Sie leuchtete so stark, daß Waldemars Zimmer in buntes Licht getaucht wurde.

»Vielleicht solltest du auch mal an den anderen Blumen schnuppern«, sagte Claudia. Waldemar fand, das war eine gute Idee. Er beschloß, alle Blumen nacheinander auszuprobieren. Vorsichtig roch er an einer Lilie. Da bewegte sich die Nase nach rechts und schwebte hinüber zum Kleiderschrank. Nun schnupperte er an einer Nelke, und sofort steuerte seine Nase nach links zum Fenster. Als er an der Osterglocke schnupperte, schrumpfte seine Nase wieder. Bis sie normal groß war. Sanft schwebten die beiden auf den Fußboden zurück.

»Ich glaube, jede Blume hat ihre Eigenheiten«, sagte Waldemar.

»Klare Sache«, meine Claudia, »du hast eindeutig eine Wundernase.«

»Vielleicht hast du Lust, mit mir und meiner

Wundernase eine Runde über der Stadt zu fliegen?« schlug Waldemar vor.

Das ließ sich Claudia nicht zweimal sagen. »Ab die Post mit uns beiden!« rief sie.

Waldemar roch an einer roten Tulpe. In Nullkommanichts schwebte er mit Claudia wieder nach oben.

Zuerst drehten sie ein paar Schleifen durch das Zimmer. Dann flogen sie zum Fenster hinaus. Wo immer Claudia und Waldemar ihre Kreise zogen, wurde die Umgebung in farbiges Licht getaucht. Die Menschen liefen auf der Straße zusammen und blickten überrascht nach oben. Der Bäckerin fielen vor Schreck die Semmeln aus der Hand. Der Briefträger steckte die Briefe statt in den Briefkasten in die Mülltonne. Ein Radfahrer radelte staunend in einen Vorgarten, wo er zwischen den Vergißmeinnicht liegen blieb. Und eine Wolke, die die Richtung verloren hatte, weil sie sich ganz und gar an Waldemar und Claudia gehängt hatte, schwebte in Frau Meiers Wohnzimmer, die sich darüber sehr wunderte.

Waldemar und Claudia flogen weiter. »Wir fliegen, so lange wir Lust haben«, beschlossen sie. »Und wenn wir nicht mehr mögen«, sagte Waldemar, »schnuppere ich einfach an einer Osterglocke, und wir landen wieder auf dem Erdboden.«

Waldemar und Claudia schwebten über Stadt und Land. Immer höher und höher. Die Welt lag bald klein und fern unter ihnen. Als es dunkel wurde, flogen sie leuchtend dem Mond entgegen.

Schau doch am späten Abend einmal zum Fenster hinaus! Bestimmt siehst du dann, etwas links vom Mond, ein smaragdgrünes Licht, das fast so groß ist wie ein Scheunentor. Das sind Waldemar und Claudia. Und siehst du die beiden nicht, dann sind sie schon zu einem anderen Stern weitergeflogen.

TINO

Wenn du das kannst:

Freihändig auf Zehen stehn
und um jede Ecke sehn,
Tausende von Metern weit,
über endlos lange Zeit,

dann schau bitte Richtung Westen,
bis zum Horizont am besten,
doch nicht weiter bis ins All,
sondern um den Erdenball.

Irgendwann, du wirst schon sehn
siehst du wen auf Zehen stehn!

MANFRED SCHLÜTER

Freunde

Zu ihrem Geburtstag durfte Annette fünf Kinder einladen. Tagelang war sie damit beschäftigt, die Einladungskärtchen zu verzieren. Mal zeichnete sie eine große Torte auf das Kärtchen, mal Kerzen oder einen Strauß Luftballons.

Annette gab sich sehr viel Mühe. Es sollte eine besonders schöne Geburtstagsfeier werden. Am liebsten hätte sie die ganze Klasse dazu eingeladen. Aber das ging nicht. Annettes Mutter meinte:

»Fünf Kinder sind mehr als genug!«

Annette überlegte: Sollte sie Felix einladen oder lieber Friederike? Würde Carola kommen? Eigentlich müßten Vanessa und Verena auch dabei sein. Aber sie hatte ja schon fünf Einladungen geschrieben: an Ernst, Anna, Maxi, Marion und Melanie. Schade!

Annette steckte die Briefe in ihren Schulranzen. Als sie am nächsten Morgen die Einladungen verteilte, drängelte sich die halbe Klasse um sie. Die Kinder riefen:

»Ich möchte auch kommen!«

»Lad mich doch ein!«

»Ich schenke dir was ganz Schönes!«

Vanessa und Verena bettelten besonders.

»Ich darf doch nur fünf Kinder einladen«, sagte Annette.

Das wollten die Freundinnen nicht gelten lassen.

»Mit mir hast du überhaupt keine Arbeit!« sagte Verena.

Und Vanessa fragte: »Bin ich denn nicht deine Freundin?«

Zu Hause versuchte Annette noch einmal, ihre Mutter zu überreden: »Eigentlich ist es

doch egal, ob fünf oder sieben Kinder kommen. Vanessa ist auch meine Freundin, und Verena ist ganz leise, wirklich!«

Aber Annettes Mutter ließ sich nicht erweichen: »Fünf Kinder sind genug. Schluß. Aus.«

Annette hatte sich so auf ihren Geburtstag gefreut. Nun war schon alles verdorben, bevor er überhaupt begonnen hatte. Aber es kam noch schlimmer: Am Geburtstagsmorgen sagte Melanie ab. Sie müsse nachmittags mit zu den Großeltern fahren, erklärte sie. Annette ärgerte sich.

Melanie hätte ihr ja früher Bescheid geben können. Und Marion fehlte. Ganz ohne Entschuldigung. Ob ihr Husten schlimmer geworden war?

Enttäuscht ging Annette von der Schule nach Hause: Wenn von fünf Kindern nur drei kämen, dann wollte sie gar nicht feiern. Die Mutter versuchte Annette zu trösten. Da klingelte das Telefon.

Annette hörte ihre Mutter sagen: »Ach so. Ja, ich verstehe. Gute Besserung.«

Das war also wieder eine Absage.

»Maxi ist krank«, sagte Mutter, »er hat wohl den gleichen Virus aufgeschnappt wie Marion.«

Annette rannte in ihr Zimmer. Sie warf sich aufs Bett und schluchzte: »Ich feiere überhaupt nie mehr Geburtstag! Niemanden lade ich mehr ein! Nie! Nie! Nie!«

Die Mutter setzte sich neben ihre Tochter und strich ihr über das Haar: »Aber Nettchen, du hast ja noch mich. Und Ernst und Anna kommen bestimmt.«

»Die kannst du jetzt auch ausladen!«

schluchzte Annette. »Ich will sie gar nicht sehen!« Sie vergrub ihren Kopf in den Kissen.

Die Mutter ging leise aus dem Zimmer. Sie telefonierte, dann kam sie zu Annette zurück. Ganz munter klang ihre Stimme: »Mein Schatz, du mußt dich beeilen und umziehen. Ich habe eine Überraschung für dich.«

Annette machte, was ihre Mutter sagte, aber sie war nicht neugierig auf die Überraschung. Da klingelte es an der Tür.

»Geh du bitte hin«, bat die Mutter. Annette warf den Kamm beiseite und öffnete. Sie traute ihren Augen kaum. Hereinspaziert kam ein komisches langes weißes Tier, ein Ungeheuer mit vier mal zwei Beinen. »Wo ist das Geburtstagskind?« rief es.

Annette mußte lachen: »Wer ist denn das?« Da lüftete das Tier das Bettuch, und zum Vorschein kamen Vanessa, Verena, Ernst und Anna.

»Ich wäre sowieso gekommen!« beteuerte Vanessa und gab ihrer Freundin einen Kuß.

»Jetzt weißt du, was richtige Freunde sind!« sagte Verena und überreichte Annette ihr Geschenk.

»Wollen wir Geisterbahn spielen?« fragte Ernst.

»Oder erst Kuchen essen?« sagte Anna.

Noch bevor die Kinder sich entschieden

hatten, klingelte es wieder an der Tür. Nun war auch Annettes Mutter überrascht. Als sie öffnete, war das Treppenhaus voll von Kindern.

»Ich habe gehört, daß Annette Kinder zum Feiern sucht«, sagte Volker und überreichte Annettes Mutter einen Blumenstrauß. Die Mutter lachte ein bißchen gezwungen. So viele Kinder hatte sie nicht gemeint, als sie Vanessa und Verena angerufen hatte. Aber nun blieb ihr nichts anderes übrig, als alle hereinzubitten. Sie holte Sprudel und Kekse und machte Platz für die große Geburtstagsrunde.

Es wurde Annettes schönster Geburtstag. Sechzehn Kinder waren gekommen, alle zu ihrem Fest! Sie verkleideten sich als Riesen und Räuber. Sie spielten in der ganzen Wohnung Fangen und Verstecken. Sie aßen Kuchen und tranken Kakao. Sie verkrümelten die Kekse und verschütteten die Limonade. Sie wurden Ritter und Prinzessinnen und turnten und tobten so lange herum, bis sie erschöpft waren.

Annettes Mutter war am Abend todmüde. Sie ließ sich in den Sessel fallen und sagte: »Nächstes Jahr darfst du sieben Kinder einladen. Sieben Kinder machen vielleicht doch weniger Arbeit als fünf.«

SABINE JÖRG

Träume & Schäume

Mark würde alles ganz anders machen

Mutter schaut zur Uhr. Mark weiß sofort, was das für ihn bedeutet.

»So, Mark, Schluß für heute, jetzt schnell ins Bad, und dann nichts wie ins Bett. Und vergiß bitte nicht, dir gründlich die Zähne zu putzen.«

»Ich möchte aber nachher noch den Tierfilm sehen. Es ist doch noch sooo früh. Peter darf ja auch aufbleiben!«

»Wenn du mal so alt bist wie dein Bruder, dann darfst du auch länger aufbleiben.«

»Jawohl, kleines Brüderchen, du darfst nicht vergessen: Kleine Kinder brauchen viel Schlaf.«

»Ach Peter, laß deine dummen Bemerkungen«, schimpft die Mutter, »und Mark, du gehst jetzt schleunigst ins Bad. Und mach ja die Wohnzimmertür leise hinter dir zu!«

»Ich bin froh, wenn ich euch nicht mehr sehe, ihr könnt mir alle gestohlen bleiben«, knurrt Mark und läßt die Tür mit einem lauten Knall ins Schloß fallen. Dann öffnet er sie wieder extra leise und zischt durch die Zahnlücke ein »Tschuldigung« in das Zimmer. »Es war nur ein Versehen.«

Ach, es ist schrecklich, so einen Bruder wie Peter zu haben. Vier lumpige Jahre ist er nur älter als er, aber angeben tut er damit, es ist nicht auszuhalten!

Gemächlich schlurft Mark in sein Zimmer, stellt die Heizung ab, öffnet das Fenster, läßt mit einem lauten Knall den Rolladen runter. Dann kramt er nach seinem Schlafanzug und angelt ihn schließlich unter dem Bett hervor, stülpt ihn sich über den Kopf und fliegt im Blindflug durch den Flur ins Bad.

»Mark«, ruft die Mutter erschreckt, »was machst du denn für einen Lärm?«

Schnell hebt Mark den umgefallenen Stuhl

wieder auf und verschwindet im Bad, ehe die Mutter nach ihm schauen kommt. Heute wird er seine Zähne mal so richtig sorgfältig putzen. Mama hat's ja so gewollt. Er schäumt den Mund kräftig mit Zahnpasta ein und verteilt den Schaum gleichmäßig über sein Gesicht. Wie ein Clown sieht er jetzt aus. So sind seine Grimassen noch viel toller: Er rollt die Augen, fletscht die mit rosa Schaum bedeckten Zähne, rauft sich die Haare und sprüht noch ein bißchen von Mamas Haarspray darauf. So, jetzt stehen sie ihm steil zu Berge. Und nun noch ein wenig knallroten Lippenstift auf Nase und Mund … hm, etwas fehlt noch. Er zieht sich die Ohren lang, erst das rechte, dann das linke. Toll sieht er aus, so möchte er am liebsten ins Wohnzimmer gehn und Papa und Mama und den blöden Peter erschrecken.

»Ja, Mark, bist du denn immer noch nicht im Bett? Wie lange dauert das denn noch?« Mutter klopft ungeduldig an die Tür.

»Mensch, ich putze mir doch nur sorgfältig die Zähne. Drängel mich nicht so!«

»Fünf Minuten zum Zähneputzen reichen, das muß doch keine halbe Stunde dauern.«

In Windeseile spült Mark den Mund aus und wischt mit dem Lappen übers Gesicht. »Ich bin ja schon fertig«, knurrt er und schiebt sich an Mama vorbei in sein Zimmer. Dabei tritt er ihr ganz aus Versehen noch kurz auf den Fuß.

»Au.«

»Tschuldigung, war 'n Versehn.«

Die Mutter deckt Mark zu und drückt ihm einen Kuß auf die Stirn. »Gute Nacht, schlaf gut.«

»Nacht.« Verstohlen wischt Mark den Kuß wieder ab, kramt nach seinem Stofflöwen und zieht sich die Decke über die Ohren. Er will nichts mehr hören und sehen. Blödes Volk! Wenn er mal groß ist, so richtig groß! Dann wird er alles ganz anders machen, dann wird er …

Mark seufzt und überlegt, was er später alles anders machen wird. Ach was, was heißt hier später? Jetzt wird er es tun, jetzt sofort! Mark springt aus dem Bett und rennt ins Wohnzimmer. Aber – da sitzen ja gar nicht nur Peter und die Eltern. Tante Iris ist auch da. Hii, ausgerechnet die, die gibt ihm immer so nasse Küsse mitten auf den Mund, und dann redet sie immer so dummes Zeug von wegen toller Papa und so. Ob er's der heute mal zeigen soll? Ach, Omi ist auch da, wo kommt die denn so plötzlich her? Sie war doch die ganze Zeit verreist. Na, gut, daß sie wieder da ist, mit ihr wird er nicht so streng sein. Die Omi ist ja auch immer nett zu ihm, fast immer.

Aber Peter, dem wird er's zeigen. Breitbeinig stellt er sich vor ihn. Seltsam, Peter ist mit einemmal so klein!

»Los, Peter, hol mir sofort meinen Mantel, meine Schuhe und meinen Regenschirm. Ich möchte ausgehen.«

Peter rennt aus dem Zimmer, daß er die Pantoffeln verliert, und kommt barfuß mit einem langen rotsamtenen Mantel, goldbestickten Schuhen und einem riesigen Regenschirm zurück. Er verbeugt sich ganz tief vor Mark, hilft ihm in den Mantel, kniet vor ihm nieder, Mark drückt ihn mit der Hand noch etwas tiefer, und Peter bindet ihm mit zitternden Händen die Schuhe zu. Spuckt noch kurz drauf und poliert sie mit seinem Pulloverärmel.

»Schon gut, schon gut!« wehrt Mark ungeduldig ab. Dann schaut er Peter streng an: »So, und jetzt räume mein Zimmer auf. Aber mach ja nichts kaputt und beeile dich, ich brauche dich nachher noch einmal!«

»Selbstverständlich«, flüstert Peter und geht rückwärts zur Tür.

So, nun sind die Eltern an der Reihe und Tante Iris. Mit grimmigem Gesicht schaut er sie an: »Wenn ihr macht, was ich euch sage, passiert euch nichts.«

»Ach, selbstverständlich, lieber Mark, das wissen wir ja.«

Papa, Mama und Tante Iris zucken ängstlich zusammen, diese Feiglinge. Nur Omi lächelt in ihrer Ecke still vor sich hin.

»Papa, ich möchte jetzt speisen. Bereite mir ein Schokoladenmahl, hm, und zwar: zwei Portionen Schoko-Eis mit Sahne, eine Portion Marzipanpralinen und danach Birnen mit heißer Schokoladensauce.«

Papa dreht sich um und will zur Küche gehen: »Halt, noch etwas – halte mir diesen unnützen Kerl, den Peter, vom Hals, verstanden? Der kriegt nichts, keinen Krümel. – Und du, Mama, du kraulst mir die ganze Zeit den Rücken, und Tante Iris, du machst jetzt meine Hausaufgaben. Und mache ja keine Fehler!«

Mama, Papa und Tante Iris verbeugen sich tief.

»Macht Licht, es ist zu dunkel hier, bringt Kerzen her!«

»O ja, selbstverständlich, Durchlaucht.«

Mark blinzelt in das helle Licht.

Peter steht vor seinem Bett. »Ooch, war das ein toller Tierfilm. Bäätsch, Mark, du hast ihn aber nicht ansehen dürfen.«

»Mach's Licht aus, du Esel! Ich habe was ganz anderes gedurft.«

Wenn der wüßte, denkt Mark verschlafen und dreht sich auf die andere Seite. Vielleicht kann er den Traum noch ein bißchen weiterträumen.

MONIKA ZANDER-PHILIPP

Der Schachtelschuh

Ein Schachtelschuh, das ist ein Schuh,
der ewiglich und immerzu
nur in der Schachtel liegt,
der keinen Schritt spazierengeht,
der nur im Schuhelager steht
und niemals Frischluft kriegt.

Die Schuhschachtel ist sein Zuhaus,
der Schachtelschuh darf nie heraus,
kommt nicht einmal zum Schuster!
Ob Tag, ob Nacht – er weiß es nicht
(in Schuhschachteln, da brennt kein Licht,
da ist es zappenduster).

Geboren in der Schuhfabrik,
kam er im nächsten Augenblick
sofort in diese Schachtel,
die Morgensonne sah er kaum –
da lag er schon im Lagerraum
des Schuhhändlers Max Wachtel.

Ein einzig' Mal, am zwölften Mai,
schien diese Wartezeit vorbei,
da schlich ein großer Zeh
mitsamt dem Fuß in unsern Schuh,
doch bald schon fiel der Deckel zu –
dann hieß es: »Danke, nee!«

Der Schuh war ein Eins-A-Modell,
doch Schachtelschuhe altern schnell,
wenn wir sie nicht benützen.
Er träumte oft von großen Zehen,
vom Tanzen und Spazierengehen,
von warmen Regenpfützen.

Er lag herum, jahrein – jahraus
in seinem Schuhschachtel-Zuhaus
und kam doch nie vom Fleck.
Doch eines Tages kam Herr Wachtel,
nahm unsern Schachtelschuh (samt
Schachtel)
und warf ihn einfach weg!

So sinnlos kann das Leben sein,
so grausam und so hundsgemein,
so öd und ungerecht!
Doch unser Schuh denkt sich verschmitzt:
»Kein Schweißfuß hat mich naßgeschwitzt
– und das ist auch nicht schlecht!«

Walter Müller

Der Alptraum

Mitten in der Nacht wird Robert wach, weil seine kleine Schwester drüben in ihrem Bett weint.

»Hanna, was ist denn? Was hast du?« fragt er schlaftrunken.

Das Weinen von Hanna wird lauter. Robert steigt aus seinem Bett und tastet sich zum Lichtschalter. Wie gut, daß draußen der Vollmond scheint. So ist es wenigstens nicht ganz so dunkel im Kinderzimmer.

Robert knipst das Licht an. Hanna sitzt im Bett, die Tränen laufen ihr über die Wangen. Robert setzt sich an den Bettrand. »Sag doch was!«

Hanna weint noch heftiger.

»Tut dir was weh?« fragt Robert besorgt. »Soll ich Mama aufwecken?«

Hanna schluchzt.

»Was tut dir denn weh?« fragt er.

»Nein«, schnieft Hanna. »Nein.«

»Nein?« Robert ist ratlos. »Was heißt ›nein‹?«

»Nichts eben«, weint Hanna. »Nichts.«

»Nichts? Was heißt ›nichts‹?« fragt Robert.

»Eben *nein* und *nichts!*« ruft Hanna ziemlich ungeduldig.

»Nein und nichts?« fragt Robert. »Ich versteh dich nicht.«

Hanna wird so ungeduldig, daß sie das Weinen völlig vergißt. »Erst hast du gefragt: ›Tut dir was weh?‹, dazu gehört das ›Nein‹. Dann hast du gefragt: ›Was tut denn weh?‹, dazu hab ich ›nichts‹ gesagt«, erklärt sie ihm.

»Und warum hast du dann geweint?« fragt Robert.

»Weil … weil …« Jetzt fällt Hanna wieder ein, daß sie ja eigentlich am Weinen war, und Robert muß sich eine Weile gedulden, bis er Antwort bekommt.

»Weil … weil ich schlecht geträumt habe«, schluchzt sie schließlich.

»Schlecht geträumt? Das kenne ich auch. So

was ist schlimm, so ein Alptraum«, sagt Robert. »Was hast du denn geträumt?«

Hanna schnieft, schnieft ein zweites Mal, schließlich, nach einer langen Pause, ein drittes Mal. Dann erzählt sie ihren Traum. »Zuerst ist ein Mann in unser Zimmer gekommen …«

Robert unterbricht sie. »Oh, das kenne ich, das kenne ich«, sagt er schaudernd und schlüpft zu seiner Schwester ins Bett. »Ich kann mir das genau vorstellen.« Er schüttelt sich. »Gräßlich! So ein großer, schwarzer Mann mit gelben Augen. Er hat ganz lange Finger, mit Krallen dran, und dann kommt er näher und näher und noch näher …«

»Quatsch!« sagt Hanna. »Es war ein ganz freundlicher, dicker Mann. So wie unser Nachbar, der Herr Spörrlein.«

»Spörrlein? Ist das der, der über der Bäckerei wohnt?« fragt Robert.

»Nein, der wohnt doch an der Ecke gleich neben Frau Fuchshuber«, erklärt ihm Hanna. »Kennst du den nicht? Der fährt immer mit dem Damenfahrrad.«

»Und der Mann war nicht schlimm?« fragt Robert nach.

»Warum soll Herr Spörrlein denn schlimm sein? Er hat mir schon mal ein Eis gekauft, als meines runtergefallen ist. Weißt du, es war ganz voll Sand, und das hat dann zwischen den Zähnen so geknirscht, und da hat er …«

»Dein Eis interessiert mich jetzt kein bißchen«, sagt Robert dazwischen. »Du willst mir doch erzählen, was du Schlimmes geträumt hast. Erzähl endlich weiter!«

»Dieser Mann ist also in unser Zimmer gekommen …«

»Das hast du schon gesagt.« Robert wird ungeduldig. »Weiter!«

»Er hat so ein Tier dabeigehabt, und …«

»Uuuh, das kenne ich!« ruft Robert und verkriecht sich unter die Bettdecke, daß nur noch seine Nasenspitze herausschaut. »Einen grauenhaft großen Drachen mit spitzen Zähnen und einer langen roten Zunge. Und Augen hat er, hell wie Taschenlampen. Die gucken einen dann immer an; egal, wo man hingeht. Das ist vielleicht schlimm!«

»Warum schlimm?« fragt Hanna. »Das Tier war überhaupt nicht schlimm. Kein bißchen. Es war mehr so ein Affe, mit einer roten Jacke und einer Mütze auf dem Kopf.«

»Was war denn dann schlimm?« sagt Robert. »Jetzt erzähl doch endlich!«

»Also, dieser Affe konnte reden wie ein Mensch …«

»Aha«, sagt Robert. »Ein sprechender Affe. Und weiter?«

»Der Affe hatte zwei Tafeln Schokolade dabei. In jeder Hand eine. Eine war riesengroß, die andere winzig klein.«

Robert wühlt sich wieder unter der Bettdecke hervor. »Mmm, Schokolade!« sagt er. »Na, das war wenigstens nicht schlimm …«

»Doch! Eben doch!« ruft Hanna. »Das war doch das Schlimme!«

»Wieso?« fragt Robert verblüfft. »Schokolade?!«

»Ja«, sagt Hanna und beginnt wieder zu schniefen. »Der Affe hat nämlich gesagt: ›Ich hab euch Schokolade mitgebracht‹ … und …« Hanna schnieft noch heftiger.

»Und?!« fragt Robert. »Erzähl doch!«

»Er hat gesagt: ›Ich hab euch Schokolade mitgebracht‹ … und …« Hannas Schniefen geht in heftiges Weinen über. Die Tränen laufen ihr übers Gesicht.

»Fang bitte nicht wieder an zu weinen!« ruft Robert. »Erzähl endlich!«

»… und er hat gesagt: ›Ich hab euch Schokolade mitgebracht. Die kleine Tafel ist für dich und die große …‹« Hannas Weinen wird so laut, daß Robert sie kaum versteht.

»Und die große?« fragt er.

»Und die große, hat er gesagt, ist für deinen Bruder«, sagt Hanna schluchzend. »Ist *das* nicht schlimm?!«

PAUL MAAR

Ich

Mach mir gerne einen Zopf
Schau in jeden Topf
Hüpfe wie ein Känguruh
Habe Streifen wie ein Gnu
Springe über jeden Hügel
Bin dünner als ein Kleiderbügel
Steige auf jeden Turm
Kitzle jeden Wurm
Grüße alle Käfer
Wecke alle Schläfer
Fahre in die Ferne
Zähle alle Sterne
Spring ins große Meer
Verbieg jedes Gewehr
Bemale alles bunt
Streichle jeden Hund
Füttere die Katzen
Laß mich gerne kratzen
Laß mich gerne küssen
(es soll nur niemand küssen müssen)
Bohr gern in der Nase
Bin schneller als ein Hase
Schlafe wie ein Stein
Fresse wie ein Schwein
Kaue wie die Kuh
Laufe ohne Schuh
Bin ein Blatt, ein Baum, ein Gedicht
Bin ein Riese, ein Zwerg, ein Wicht
Bin ein König, ein Bettler, eine Frau
Bin eine Maus, eine Wiese, ein Tropfen Tau
Bin alles und nichts und das dazwischen
Wohne in Burgen, Palästen, in Höhlen
und Nischen

Wohn in der Erde, im Himmel, im Zelt
Bin da und dort, bin auf der Welt
Bin *ich* und *du,* bin *sie* und *wir*
Bin eine Trompete, eine Flöte, ein Klavier
Dreh mich wie ein Kreisel, zu jeder Zeit
Komme ganz nahe, gehe ganz weit
Hab ich tausend Jahr verbracht
Bin ich selbst die längste Nacht
Bin der Schlaf, die Morgensonne
Bin die Wiege, das Faß, die Regentonne
Leuchte heller als der hellste Stern
Hab das ganze Leben furchtbar gern
Das Auf und Ab, das Ja und Nein
Möcht noch lange am Leben sein
Und du?

HEINZ JANISCH

Mirko und der Zauberstuhl

Keines der Tiere wollte mit Mirko spielen. Die Zebras spielten mit den Zebras. Die Löwen spielten mit den Löwen. Die Eidechsen spielten mit den Eidechsen, und die Krokodile spielten mit den Krokodilen.

So war das in dem Zoo, wo Mirko lebte. Alle Tiere spielten nur mit ihresgleichen. Mirko aber war kein richtiges Krokodil, obwohl er ein Maul mit spitzen Zähnen hatte. Er war auch kein richtiger Hase, obwohl er lange Ohren hatte. Und er war kein richtiger Frosch, obwohl er laubfroschgrüne Hüpfebeine hatte. Mirko war nichts richtig, alles war er nur ein bißchen oder halb.

Das machte Mirko sehr traurig. Meistens saß er vor dem Haus des Zoowärters. Dort gab es einen kleinen Teich. Mirko starrte auf das Wasser und stellte sich vor, daß sein gespiegeltes Gesicht ein Fisch sei. Doch es machte keinen Spaß, mit einem traurigen Fisch Fangen zu spielen.

Eines Tages räumte der Zoowärter sein Haus auf. Was er nicht mehr brauchen konnte, warf er zum Fenster raus.

Ein alter Drehstuhl landete neben Mirko. Er setzte sich probeweise drauf. Er tippte mit den Zehen auf den Boden, und der Stuhl begann sich langsam zu drehen.

Mirko sah die spielenden Eidechsen, dann die Esel, dann die Löwen und die Gänse. Er tippte wieder auf den Boden, und der Stuhl drehte sich schneller. Vor Mirkos Augen flitzten die Nashörner vorbei, die Giraffen, die Schweine, die Zebras, die Affen…, und plötzlich geschah etwas Sonderbares:

Die Eidechsen bekamen Eselsohren. Die Löwen hatten Gänseschnäbel. Den Nashörnern wuchsen Giraffenhälse. Und die Schweinchen trugen Zebrastreifen auf den runden Bäuchen.

Mirko spürte keinen Boden mehr. Der Stuhl drehte sich jetzt von allein. Außer den Eidohreseln, den Gansschnablöwen, den Giraffhalshörnern und den Zebrabauchschweinchen sah Mirko auch noch Affmaulschlangen, Storchbeinelefanten, Tigerzahnziegen und Geierkropfgazellen.

»Halt!« rief Mirko. »Mir ist schwindlig!«

Doch der Stuhl hörte nicht auf, sich zu drehen. Die vorbeiflitzenden Tiere wurden immer merkwürdiger.

Da gab es eine Mäuseschwanzgiraffhalsente. Und einen Löwenmähnenkrokopanzerfrosch.

Und eine Zebrabauchhasenpfotengans.

Und einen Hasohrkrokomaulfrosch.

Einen Hasohrkrokomaulfrosch?

Mirko machte einen Freudensprung. Dabei wurde er vom Drehstuhl geschleudert, und er fiel kopfüber in den Teich.

»Juhui! Endlich weiß ich, was ich bin!« schrie Mirko, als er wieder auftauchte. »Ich bin ein Hasohrkrokomaulfrosch!«

Er schrie so laut, daß es im ganzen Zoo zu hören war. Die Zebras, die Löwen, die Eidechsen, die Krokodile, die Hasen, die Frösche, die Esel, die Gänse, die Nashörner, die Giraffen, die Schweine, die Affen und all die anderen Tiere hörten auf zu spielen und kamen zum Teich. Der Zoowärter ließ das Aufräumen sein und steckte den Kopf zum Fenster heraus. Alle starrten Mirko neugierig an.

Mirko schwamm noch eine Runde im Teich. Er nahm ein Krokomaul voll Wasser und spritzte es hoch in die Luft. Dann hüpfte er mit einem gewaltigen Froschbeinsprung ans Ufer und schüttelte das Wasser aus den Hasenohren.

»Schön, daß ihr mich besuchen kommt!« sagte er zu den gaffenden Tieren. »Wollt ihr meinen Zauberstuhl ausprobieren?« Und er zeigte auf den Drehstuhl, der soeben ächzend zum Stillstand kam.

»Ein Zauberstuhl soll das sein?« fragte von sehr weit oben herab eine Giraffe.

»Ja«, sagte Mirko. »Wirst schon sehen!«

Die Giraffe rümpfte die Nase. Doch dann setzte sie sich auf den Stuhl. Die anderen Tiere traten etwas zurück und bildeten einen Kreis um sie herum. Der Zoowärter kratzte sich am Kopf.

Die Giraffe tippte mit den Hufen auf den Boden, der Stuhl begann sich zu drehen. Die Giraffe tippte wieder auf den Boden. Der Stuhl wurde schneller, der Hals der Giraffe wurde länger, und ihre Augen wurden immer größer.

»Das gibt's doch nicht!« rief die Giraffe. Und im nächsten Augenblick flog sie wie ein Geschoß mit einem Platscher in den Teich.

»Und?« riefen die anderen Tiere, als die Giraffe wieder auftauchte. »Ist es ein Zauberstuhl?«

Die Giraffe spuckte einen kleinen Fisch aus, den sie versehentlich geschluckt hatte. »Ja«, ächzte sie, »es ist ein Zauberstuhl.«

Nun gab es kein Halten mehr unter den Tieren. Alle wollten den Drehstuhl ausprobieren. Ein dickes Schweinchen schaffte es als erstes, auf den Sitz zu klettern.

»Ich auch!« rief ein Affe und sprang dem Schweinchen auf den Rücken.

»Ich auch!« rief ein Hase und hüpfte dem Affen auf die Schultern.

»Ich auch! Ich auch! Ich auch!« riefen zwei

Eidechsen, eine Schlange und eine kleine Gans.

»Stop!« ächzte das Schweinchen. »Das wird mir zu schwer!«

Doch die Eidechsen saßen schon bequem in den Ohren des Hasen, die Schlange hatte sich um seinen Bauch gewickelt, und die Gans stand auf seinem Kopf.

Mirko mußte laut lachen. »Ich werde euch drehen«, sagte er. »Das Schweinchen schafft das allein nicht mehr.«

Die anderen Tiere traten zurück. Mirko gab dem Drehstuhl einen Schubs. Der Zoowärter kratzte sich noch immer am Kopf.

Langsam, schnell und immer schneller drehte sich der Stuhl.

Plitsch! Plitsch! Plutsch! Pletsch! Platsch! Der Reihe nach flogen die Eidechsen, die Gans, der Hase, der Affe und das Schweinchen in den Teich. Als sie wieder auftauchten, waren sich alle einig: »Ja, es ist ein Zauberstuhl!« murmelten sie.

Nur die Schlange sagte nichts. Denn sie war noch immer um den Hals des Hasen gewickelt und hatte sich vor Schreck die Zähne in den eigenen Schwanz gebohrt.

Von diesem Tag an spielten die Zootiere immer gemeinsam. Sie drehten sich tagaus, tagein auf dem Zauberstuhl und erzählten sich hinterher im Teich von all den phantastischen Tieren, die sie gesehen hatten.

Sie sahen Giraffhalseidohrzebrastreifengänse. Sie sahen Papageienfedernaffmaulfroschhalsschnecken.

Sie sahen Tupfenschnepfenhalsnashörner.

Sie sahen einfach alles, was man sich nur denken kann. Nur einen Hasohrkrokomaulfrosch sah keines der Tiere auf den vielen Drehstuhlreisen. Das machte aber nichts. Denn mit Mirko hatten sie ja einen richtigen waschechten Hasohrkrokomaulfrosch unter sich.

Susa Hämmerle

Das Hörgerät

Oma hört sehr schlecht. Sie braucht dringend ein Hörgerät. Papa, Mama und Onkel Willi reden immer wieder auf sie ein. Vergebens.

»Ich hör noch gut genug«, sagt Oma dann ganz empört, »und außerdem will ich kein so neumodisches Zeug in meinen Ohren. Das hab ich euch schon hundertmal gesagt!«

Dann reden Papa, Mama und Onkel Willi von etwas anderem.

Oma trinkt am Nachmittag gern eine Tasse Tee. Dazu stellt sie täglich fast auf die Minute genau um halb vier den verzierten Teekessel auf den Ofen.

Omas Ofen ist alt, sehr alt. Er hat vorne zwei Türchen; ins obere kommen Holz, Kohlen und Briketts rein, und unten kommt die Asche raus. Manchmal kniet Oma auch vor dem Ofen und pustet zum unteren Türchen hinein, weil das Holz nicht brennen will, wie sie sagt. Oma hat fast immer ein Feuer im Ofen. Nur wenn es im Sommer richtig warm ist, verzichtet sie schweren Herzens darauf. Doch das ist wirklich ganz selten, in manchen Jahren kommt es überhaupt nicht vor. »Ich mag es halt schön warm«, sagt sie immer. Und auch deshalb reden Papa, Mama und Onkel Willi oft auf sie ein. Vergebens.

Wenn Oma den Teekessel auf den Ofen gestellt hat, setzt sie sich in ihren riesigen Ohrensessel und wartet, bis der Kessel pfeift. In dieser Zeit schaut sie sich die vielen Fotografien an, die an der Wand hängen und auf der alten Kommode stehen. Auf den meisten ist ein Mann in Uniform und mit Schnurrbart zu sehen. Das ist Opa. Der ist im Zweiten Weltkrieg gefallen. Genauso wie Onkel Kurt und Onkel Eugen, die auch in Uniformen fotografiert worden sind. Nur Schnurrbärte haben sie nicht. Oma erzählt oft von ihnen, wie sie waren und daß sie alle gefallen sind …

Auf einmal hört Oma den Teekessel pfeifen und zuckt zusammen. Sie hat ihn ganz vergessen.

In letzter Zeit ist Oma manchmal auch am Nachmittag etwas müde. Und wenn sie dann in ihrem weichen und bequemen Ohrensessel sitzt, die Fotos betrachtet und an früher denkt, kommt es vor, daß sie ein wenig einschläft. Dann muß der Teekessel lange pfeifen, bis Oma ihn hört.

Aber vor ein paar Tagen hörte sie ihn nicht, so lange er auch pfiff. Sie muß wohl etwas fester geschlafen haben. Vielleicht ist es auch mit ihren Ohren schlimmer geworden. Auf jeden Fall hörte sie nichts. Das Wasser verdampfte, und schließlich war kein Tropfen mehr drin. Der Teekessel hüpfte auf der heißen Ofenplatte herum, doch Oma hörte nichts. Er wurde von unten her langsam rot, und auf einmal fiel er runter und rollte auf den Teppich. Wenig später roch es nach verbrannter Wolle.

Omas Nase spürte schnell, daß etwas nicht stimmte. Ihre Nase ist in Ordnung. Im Handumdrehen war Oma hellwach. Sie war sehr erschrocken, als sie sah, was passiert war. Es war zwar noch nicht sehr schlimm, aber die versengte Stelle im Teppich war deutlich zu sehen.

Jetzt werden sie mich wieder schimpfen, war Omas erster Gedanke. Sie holte eine Teppichbürste, kniete auf den Boden und versuchte, das kleine Unglück zu vertuschen. Aber soviel sie auch bürstete und schimpfte, die runde Stelle war noch immer zu sehen.

»Ach was«, sagte sie, »ich stelle einfach meinen Sessel ein Stück vor, dann sieht man nichts mehr.« Sie schob ihren Sessel über die versengte Stelle und lächelte vor sich hin. Aber jetzt stand der Sessel so nahe am Tisch, daß man sich auf einen der Stühle nicht mehr setzen konnte. Also mußte sie auch

den Tisch und die Stühle etwas umstellen. Oma kam langsam ins Schwitzen, was bei ihr nur ganz selten vorkam.

Nachdem alles an seinem neuen Platz stand, setzte sie sich zufrieden in ihren Sessel, wischte sich den Schweiß von der Stirn und ruhte sich aus.

»Jetzt könnte ich eine Tasse Tee gut gebrauchen. Ich muß mich doch mal nach so einem Hörgerät erkundigen«, sagte sie.

Und das tat sie auch. Gleich am nächsten Vormittag ging sie zum Arzt.

Als wir am frühen Abend zu Oma gingen, staunten wir sehr.

»Was ist denn hier los?« fragte Papa. »Wieso hast du denn alles umgestellt? Das ist ja unmöglich!«

Omas Gesicht hellte sich ein wenig auf.

»Wieso ist das unmöglich?« wollte sie wissen. Sie ließ Papa aber gar nicht antworten. »Mir gefällt's jedenfalls. Und warum soll ich nicht mal etwas umstellen? Es muß doch nicht immer alles am gleichen Platz stehen!« Papa wurde etwas verlegen und sagte nur noch: »Ach, mach doch, was du willst, das tust du ja sowieso!«

Eine Woche später bekam Oma ihr Hörgerät.

Es macht ihr inzwischen Spaß, wieder alles zu hören – sogar manches, was nicht für ihre Ohren bestimmt ist. Doch wenn Papa, Mama und Onkel Willi sie besuchen, versteckt sie es. Die brauchen von dem neuen Hörgerät nichts zu wissen.

Manfred Mai

Fragen über Fragen

Wohin läuft die Wut
mit Stock und Hut?
Wer kämpft da mit dem Degen
gegen den strömenden Regen?
Wer lehrt die Ziegen
endlich das Fliegen?

Hat der Sturmwind
auch ein Kind?
Tun dem Schnee
die Schuhe weh?
Ist dem Eis
manchmal heiß?
Wann wird aus dir – im Traum –
ein Apfelbaum?

Heinz Janisch

Tierisch & nicht (ganz) ernst genommen

Festessen

Eine Katze
jagt die Maus:
weg von der Falle,
vor das Haus.
Nur in Freiheit
bereitet sie gern
dem Mäuschen den Garaus.

LUTZ RATHENOW

Das Spaghettischwein
Süsie Ruchlos

Es gibt Trüffelschweine, Wildschweine und Hausschweine. Süsie Ruchlos war ein Spaghettischwein. Auf der ständigen Suche nach Spaghetti.

Eine ganze Zeit lebte Süsie Ruchlos bei Bauer Mayer. Dort stand sie an ihrem Gatter: gelangweilt, lustig oder neugierig und hielt Ausschau nach Spaghetti. Aber vergebens.

»He, Bauer Mayer!« rief sie eines Nachmittags. »Wo bleiben meine Spaghetti?« Bauer Mayer stutzte. Redete da sein Schwein? Das mußte gleich seine Frau erfahren. Er eilte in den Hühnerhof, wo die Bäuerin die Hühner fütterte, und erzählte es ihr.

Wenig später standen sie zusammen vor dem Schweinestall. »Wo bleiben meine Spaghetti?« fragte Süsie Ruchlos wieder. Die Bauersleute staunten. Dann nahm die Bäuerin den Bauern beiseite und flüsterte: »Das ist bestimmt ein Zauberschwein. Wenn wir ihm Spaghetti geben, haben wir vielleicht drei Wünsche frei!«

Also kochte die Bäuerin eine riesige Portion Spaghetti und setzte sie Süsie Ruchlos vor. Das war ein Fest! Kopfüber stürzte sich das Schwein in die Schüssel, wühlte in den Spaghetti und mampfte sie geräuschvoll alle auf. Wälzte sich noch einmal kurz – und schlief zufrieden ein.

»Pah«, sagte der Bauer, »von wegen Zauberschwein!« und bestellte weiter sein Feld. Die Bäuerin aber wollte nicht so schnell aufgeben.

Als Süsie Ruchlos erwachte, hatte sie bereits eine neue Schüssel Nudeln vor sich stehen. »Holla«, dachte das Spaghettischwein, »vielleicht bin ich hier bei Zauberbauern, die einem Schwein alle Wünsche erfüllen.« Und genüßlich futterte Süsie auch diese Spaghetti.

Währenddessen beobachtete die Bäuerin ihr Schwein. »Je mehr Nudeln dieses Schwein frißt …« überlegte sie, »desto mehr Wünsche haben wir frei!« Deshalb stellte sie ihm schnell noch eine weitere Portion hin.

»Uff«, stöhnte Süsie Ruchlos vor sich hin, »Spaghetti!« Das Spaghettischwein war wirklich rappelzappelsatt.

Selbst Süsie Ruchlos konnte nicht unbegrenzt Nudeln in sich hineinstopfen, und so schnaufte sie: »Frau Bäuerin! Wollt Ihr mir nicht Gesellschaft leisten?«

»Ach«, sagte sich die Bäuerin, »was macht man nicht alles für ein paar freie Wünsche!«, kletterte in den Stall und setzte sich neben das Spaghettischwein.

Zusammen hielten sie ein nettes Schwätzchen über das Spaghettikochen, über Männer, über Schweinehaltung. Dabei aßen sie die Nudeln auf. Nur eine einzige Spaghetti blieb übrig.

Schließlich nahm die Bäuerin allen Mut zusammen und flötete: »Ach, wie schön wäre es, wenn mein Lieblingshuhn heute zwei Eier legen würde!« Süsie schwieg. Und der Bäuerinnenblick wanderte in Richtung Hühnerhof.

Wie es der Zufall wollte, legte das Lieblingshuhn – plopp, plopp – gerade zwei

Eier. »Nein – Süsie!!!« rief die Bäuerin entzückt. »Das ist ja großartig!«

Ratlos hörte Süsie ihr zu. Was hatte die Bäuerin bloß?

»Stell dir vor«, plapperte die Bäuerin weiter, »keiner unserer Nachbarn hat einen *goldenen* Traktor!« Schweigend starrte Süsie sie an. Die Bäuerin war wohl übergeschnappt! Doch die Abendsonne tauchte soeben den Hof in ein sanftes, goldenes Licht. Mitsamt dem Traktor. Frau Mayer blinzelte. »Oh, du bist ein gutes Zauberschwein!«

»Nein«, entgegnete Süsie. »Ich kann nicht zaubern!«

Und jetzt sah auch die Bäuerin, daß nur die Abendsonne ihr einen Streich gespielt hatte. »So eine Pleite«, maulte Süsie, »dann seid ihr ja auch keine Zauberbauern!«

»Nie im Leben«, kam es entgeistert von Frau Mayer.

In diesem Augenblick betrat Bauer Mayer den Stall. Er sah seine Frau neben Süsie Ruchlos sitzen, sah die Nudelschüssel, fischte die letzte Nudel heraus und fragte: »Was ist das!?«

»Ich bin eine Zaubernudel, du Dummkopf!« piepste die Spaghetti.

»Eine Zaubernudel! Natürlich, was sonst?« bemerkte Bauer Mayer säuerlich. Denn allmählich wurde es ihm zuviel. Sprechende Schweine und Nudeln! Wo gab es denn so etwas?

»Warum sonst habe ich wohl goldene Spitzen?« wollte die Zaubernudel noch einwenden, aber es war schon zu spät. Bauer Mayer hatte sie und damit sein einzig wirkliches Zauberglück einfach runtergeschluckt.

Süsie Ruchlos aber stahl sich in der folgenden Nacht heimlich davon und wurde nie wieder gesehen. Im Hause Mayer wurden Spaghetti künftig vom Speisezettel gestrichen.

GABRIELE KIEFER

Das Geisterei

Ein gellender Schrei reißt mich aus dem Schlaf. Die Tür wird aufgerissen, die Mama stürzt herein, und ehe ich noch begriffen habe, worum es geht, ist sie schon bei mir im Bett und zieht sich die Decke über die Ohren.

»Petra!« bibbert es dumpf durch die Decke. »Ich habe einen Geist gesehen!«

Es dauert eine Weile, bis ich sie überzeugt habe, daß ihr der »Geist« nicht nachgefolgt ist. Langsam schlage ich die Decke zurück. Ein erschrockener Wuschelkopf sieht mich verwirrt an.

»Was hast du denn gesehen?« frage ich, als sich die Mama endlich beruhigt hat.

»Ein Ei! Ein großes, weißes Ei. Es ist durchs Gras auf den Schloßteich zugelaufen.«

»Auf den Schloßteich?« frage ich. »Was tust denn du um ein Uhr nachts beim Schloßteich?«

»Zwetschgen stehlen.«

»Jetzt mach aber einen Punkt, Mama!« rufe ich. »Ich weiß, daß du gerne Zwetschgen ißt. Aber warum stiehlst du sie beim Grafen? Wir haben doch selber welche!«

»Aber nicht so gute. Außerdem will ich mich rächen, weil er unseren Papa in den Rücken gebissen hat.«

»Das war doch sein Hund!«

»Er oder sein Hund, das ist mir ganz egal. Jedenfalls habe ich einen Geist gesehen!«

»Einen was?«

Mein Bruder steht in der Tür.

»Alter Lauscher!« rufe ich. »Aber wenn du schon da bist, kannst du gleich mitkommen.«

Die zitternde Mama in der Mitte, gehen wir stadtauswärts. Bei der Roten Kapelle biegen wir von der Hauptstraße ab und schleichen zwischen Felsvorsprüngen und Fliedersträuchern geduckt den Schloßberg hinauf. Schließlich erreichen wir die Stelle, an der die Mauer um den Schloßpark abgebrochen ist. Hier steigen Quappi und ich immer ein, wenn wir im Schloßteich baden wollen.

»Komm, Mama!« sage ich. »Jetzt wird's ernst.«

»Nein!« wehrt sie sich. »Das könnt ihr von mir nicht verlangen!«

»Doch«, beharrt Quappi. Er faßt die Mama sanft unter den Hintern und schiebt sie zu den groben Steinbrocken hinauf. Zappelnd und schimpfend fällt sie auf der anderen Seite ins weiche Gras.

»So«, sagt mein sportlicher Bruder, als auch wir uns drübergeschwungen haben. »Und wo ist jetzt der Geist?«

Die Mama deutet auf die kleine Wiese vor uns. Eine Reihe Zwetschgenbäume läuft auf die feuchte Niederung zu, die den Teich umgibt. Hier steht auch das Holzhäuschen, in dem Graf Flamms Zuchtenten brüten. Von einem Ei keine Spur.

Am nächsten Tag bäckt die Mama Zimtschnecken, und damit kehrt ihr Selbstbewußtsein zurück.

»Entschuldige«, sagt sie zu mir, »daß ich mich gestern abend so dumm aufgeführt

habe. Ich geh heute gleich noch einmal schauen.«

Susi zupft an ihrer Schürze.

»Sei nicht traurig, Mama«, sagt sie. »Ich hab mich auch schon einmal gefürchtet.«

Die Mama drückt unseren kleinen Liebling an sich.

»Wovor hast du dich denn gefürchtet?« fragt sie.

»Vor der Hexe, die die kleinen Kinder immer in den Kessel steckt.«

»Wer hat dir denn diesen Blödsinn erzählt?«

»Der Onkel Hansi.«

»So ein Trottel!« ärgert sich die Mama. »Der kommt mir nicht mehr ins Haus!«

»Hoffentlich«, erklärt Quappi. »Der ist ohnehin nur geizig. Und verfressen. Das letzte Mal hat er die ganze Bonbonniere aufgegessen, die er dir gebracht hat!«

»Stimmt«, sagt die Mama. Ihr Blick fällt auf die Taschenlampe am Schlüsselbrett.

»Was ist?« fragt sie. »Kommt ihr heute abend mit?«

Punkt neun sind wir im Schloßpark. Als wir um zehn wieder über die Mauer steigen, ist unsere einzige Ausbeute ein Körbchen Zwetschgen.

»Wenigstens was«, sagt die Mama. Sie beißt in eine Zwetschge.

»Vielleicht hast du dich geirrt«, erklärt Quappi. »Das kann jedem passieren.«

»Aber nicht mir!« ruft die Mama. »Pfui!« Sie spuckt die wurmige Zwetschge wieder aus. »Ich hab das Ei gesehen«, fährt sie fort. »Und solange ich nicht weiß, was es war, gebe ich keine Ruhe!«

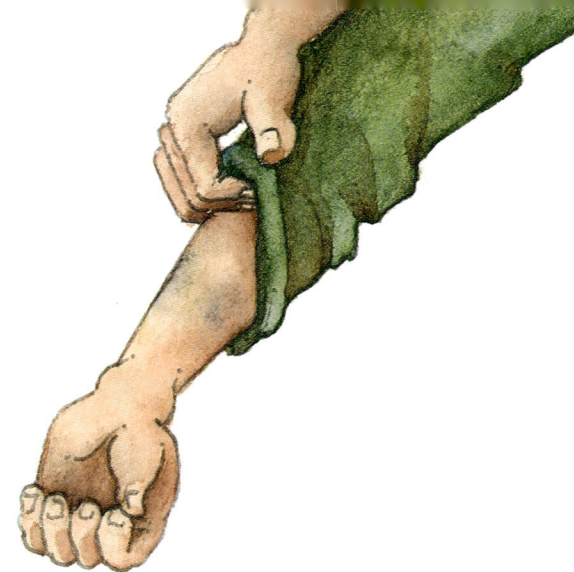

Am nächsten Tag macht Quappi einen kleinen Ausflug.

»Das Ei stammt von der Ente«, erklärt er, als er wieder zurück ist. »Gestern abend waren vierzehn Eier im Nest, und heute sind es nur noch dreizehn.«

»Das wirst du wissen!« ziehe ich ihn auf. »Die Alte sitzt doch auf dem Gelege!« Statt einer Antwort krempelt er den rechten Hemdsärmel hoch. Arm und Handrücken sind gelb und blau von Schnabelhieben.

»Glaubst du mir jetzt?« fragt Quappi gereizt.

»Aber das erklärt noch immer nicht, wieso das Ei durchs Gras gelaufen ist!« unterbricht die Mama unser Geplänkel.

»Du kannst ja mit der Petra noch einmal hingehen«, sagt mein Bruder tief gekränkt. »Aber ohne mich! Ich hab heute Fußballtraining.«

Am Abend mache ich mich mit der Mama zum drittenmal auf den Weg. Im Schloßpark angekommen, verstecken wir uns im Schilf. Vom Teich herauf dringt das Quaken der Frösche, im Unterstand schnattert schläfrig die brütende Ente. Plötzlich mischt sich ein neuer Laut ins Flüstern der Gräser und ins trockene Rascheln des Schilfgürtels. Ein Schnaufen und Fauchen, ein Keuchen und Knurren dicht vor uns!

Die Mama schaltet die Taschenlampe ein –

und da sehen wir ein großes, weißes Ei auf den Teich zulaufen.

»Das ist es!« schreit die Mama. »Schnell!« Mit pochendem Herzen laufen wir dem Ei nach. Das Schnaufen und Keuchen wird lauter, der Lichtkegel der Taschenlampe fällt auf das Ei – und im selben Augenblick hört das Fauchen und Knurren auf, und das Ei bleibt regungslos liegen.

Aber kurz darauf rollt sich daneben etwas ein.

»Ein Igel!« rufe ich. »Mama, das war dein Geist!!«

»Also noch einmal«, sagt sie, als wir kichernd und fest ineinander eingehängt den Schloßberg hinuntergehen. »Wir sitzen vor dem Entenhaus. Auf einmal rollt ein Ei aus dem Nest, steigt auf, umkreist uns dreimal und schwirrt dann zum Teich ab. Gut so?«

»Großartig!« rufe ich. »Das wird uns jeder glauben. Nur der Susi darfst du es nicht erzählen. Die fürchtet sich sonst – und dann ergeht es dir wie dem Onkel Hansi!«

»Ich werd mich hüten!« lacht die Mama. »Da müßte ich mir ja selber Hausverbot geben!«

Sie bleibt stehen und sieht mich stirnrunzelnd an. »Aber weißt du, daß du ganz schön frech bist?!«

Sie langt nach meinen Haaren, ich ducke mich, und dann läuft sie mir schimpfend und lachend zwischen den Felsvorsprüngen und Fliederbüschen nach. Aber so schnell ist sie auch wieder nicht.

JOHANNES WOLFGANG PAUL

Ein guter Hund

Gute Hunde holen ihrem Herrchen morgens ein Frühstücksbrötchen.

Max springt aus seinem Körbchen und rennt zum Bäcker.

»Wuff«, bellt er durch die Scheibe. Das heißt: Ein Brötchen für mein Herrchen. Aber bitte ein ganz frisches.

Die Bäckersfrau reicht Max die Tüte hinaus.

Max nimmt die Tüte zwischen die Zähne und rennt heim.

Es macht Spaß, ein guter Hund zu sein.

Zu Hause läßt er sein Päckchen auf den Frühstückstisch plumpsen.

O je, die Tüte ist zerfetzt. Das Brötchen ist abgebissen.

»Macht nichts«, sagt das Herrchen, »ich habe heute morgen sowieso nicht viel Hunger. Ein halbes Brötchen ist gerade richtig.«

Aber Max ist traurig. Gute Hunde bringen ganze Brötchen. Das weiß Max genau.

Gute Hunde holen ihrem Herrchen mittags die Zeitung.

Max springt über den Gartenzaun und rennt zum Kiosk.

»Wuff«, bellt er. Das heißt: Eine Zeitung für mein Herrchen. Aber bitte mit den neuesten Nachrichten.

Max nimmt die Zeitung zwischen die Zähne und rennt heim.

Es macht Spaß, ein guter Hund zu sein.

Er legt die Zeitung auf den Mittagstisch.

O je, die Zeitung hat Löcher, in den neuesten Nachrichten fehlen Wörter.

»Macht nichts«, sagt das Herrchen, »ich habe gar nicht viel Zeit zum Lesen. Eine Zeitung mit wenigen Wörtern ist gerade richtig.«

Aber Max ist traurig. Gute Hunde bringen Zeitungen ohne Löcher. Das weiß Max genau.

Gute Hunde holen abends ihrem müden Herrchen die Hausschuhe.

Max rennt zum Schuhregal. Es ist nicht leicht, zwei große Hausschuhe in einer kleinen Schnauze zu tragen.

Aber es macht trotzdem Spaß, ein guter Hund zu sein.

Stolz spuckt Max die Hausschuhe vor Herrchens Füßen wieder aus.

O je, ein Hausschuh hat keine Spitze mehr, der andere keine Ferse.

»Macht nichts«, sagt das Herrchen. »Es ist warm heute. Hausschuhe mit Lüftung sind gerade richtig.«

Aber Max ist traurig. Gute Hunde bringen heile Hausschuhe. Das weiß Max genau.

Max rollt sich vor dem Sofa zusammen und legt die Pfote über seine Augen. Er schnüffelt leise vor sich hin.

Sein Herrchen krault Max zwischen den Ohren. »Du bist ein guter Hund, Max«, flüstert er.

Max spitzt die Ohren. Er blinzelt unter seiner Pfote hervor.

»Ja, ein guter Hund«, sagt das Herrchen. »Ohne dich wäre ich ganz allein.«

Max springt aufs Sofa und legt seine Nase auf Herrchens Knie.

Gute Hunde bringen ganze Brötchen.

Oder Zeitungen ohne Löcher.

Oder heile Hausschuhe.

Oder sie passen auf, daß Herrchen nicht allein ist. So wie Max.

Zufrieden schließt Max die Augen.

Es macht Spaß, ein guter Hund zu sein.

FRAUKE NAHRGANG

Die gute Tat

Der Wal schwimmt auf dem Meer.
Die Maus schwimmt hinterher.

Nach einundfünfzig Kilometern
beginnt das Mäuschen wild zu zetern,

denn siedendheiß fällt ihm was ein:
Es hat gar keinen Freischwimmschein!

»Hilf mir doch«, ruft es in Not,
»und male mir ein Rettungsboot!«

»Na gut«, sag ich, »weil du es bist,
und weil der Schluß so schöner ist.«

MANFRED SCHLÜTER

Und es gibt ihn doch!
Die Geschichte einer Enttarnung

In Baumhackelried gibt es noch Kinder und Erwachsene, die an den Osterhasen glauben.

In Baumhackelried meinen nämlich viele, die Welt sei noch in Ordnung.

In Baumhackelried gibt es sie angeblich tatsächlich noch, die letzten, echten, wildlebenden Osterhasen.

Dort macht man sich oft lustig über die Bemühungen mancher Großstadteltern, die, als Hasen verkleidet, vor ihren Kindern herhüpfen, ein paar wilde Haken schlagen, plötzlich im Gebüsch verschwinden und, nachdem sie dort einige Schokoladeneier abgelegt haben, wieder als Eltern auftauchen mit den Worten: »Schau mal, ob der Osterhase für dich was versteckt hat im Wald!«

Wesentlich schlimmer noch soll es in Familien zugehen, bei denen der Osterhase ganz entzaubert ist. Ja – das soll es wirklich geben: Eltern, die zu ihren Kindern sagen: »Hört mal zu, Osterhasen gibt es nicht – die haben nur wir Erwachsenen erfunden! Eier legen die Vögel – das Huhn zum Beispiel ist so ein Vogel. Wir Menschen bemalen die Eier dann und verstecken sie, damit ihr Spaß beim Suchen habt!«

Ist das nicht gemein? Nicht nur, daß diese Eltern den Glauben an den echten, edlen Osterhasen verloren haben, nein, jetzt rauben sie diesen Glauben sogar ihren Kindern. Dabei könnte es so schön sein!

In Baumhackelried hoppelt der Osterhase nämlich noch frisch und froh und frei über die Wiesen, durch die Wälder und durch die Neubausiedlungen. Und wehe, es kommt jemand, der mit einer schwarzen Wolke diese sonnige Welt zu trüben versucht und sagt: »Unsinn, alles Unsinn, es gibt ihn nicht, nein, es gibt ihn nicht!«

Nicht, daß die Leute so richtig böse werden, nein, man beweist den Ungläubigen nur, daß es ihn echt gibt, den Osterhasen.

Dies mußte auch die neue Grundschullehrerin erfahren. Daß sie aus der Stadt gekommen war, das hatte man ihr ja noch verziehen. Schließlich war sie ja nicht die einzige Fremde im Dorf. Obwohl es natürlich schon ein Unterschied ist, ob jemand einfach so fremd ist, oder ob man jemandem gleich die Kinder zur Erziehung anvertraut …

Die Neue hatte sich viel vorgenommen. Die behauptete doch tatsächlich während eines Elternabends, man müsse den Kindern bezüglich des Osterhasen die Wahrheit sagen. »Ja, da schau her! Was heißt denn hier Wahrheit?«

Wie hätte es anders sein können: die Eltern von Baumhackelried regten sich furchtbar auf. Sie waren empört. Der Gemeinderat, der Pfarrgemeinderat, der Schützenverein, der Krieger- und Reservistenverein, der Kegelverein, der Obst- und Gartenbauverein, der Fußballverein trafen sich ein paar Tage nach dieser unerhörten Elternversammlung zu Krisensitzungen. Dabei bekräftigten sie ihren Entschluß:

»Unsere Kinder müssen verteidigt werden, gegen den Unglauben der heutigen Zeit!«

Eines war klar: Man mußte etwas unternehmen. Aber was? Das dachten nicht nur die Baumhackelrieder, sondern das dachte auch die Lehrerin. Denn überall, wo sie hinkam, begegneten ihr schräge Blicke, Tuscheln, betretenes Schweigen.

Die osterhasengläubigen Eltern *waren* ein Herz und eine Seele. Und die Lehrerin *hatte* ein Herz und eine Seele. Also stand es unentschieden. Beide Seiten würde es viel Mühe kosten, die Oberhand zu gewinnen.

Je näher das Osterfest rückte, desto ruhiger wurde es im Dorf. Nach Einbruch der Dunkelheit wurde niemand mehr auf der Straße gesehen. Sogar das Wirtshaus verwaiste.

Nur das Fräulein Lehrerin machte ab und zu einen Abendspaziergang. Nicht einmal die Hunde bellten ihr nach. Sie ahnte nichts von den geheimen Vorgängen hinter den Mauern der Bauernhöfe und Einfamilienhäuser.

Dort nahmen die Mütter Maß an ihren Männern. Sie schneiderten für sie nämlich pfundige Osterhasengewänder …

Es ist ja leider so, daß man die echten Osterhasen wirklich viel zu selten zu Gesicht bekommt. Und um das Fräulein zu überzeugen, war es nötig, daß es wenigstens einmal im Leben einen echten Osterhasen zu sehen

bekam. Also mußte es einen falschen Osterhasen für einen echten halten – oder am besten gleich mehrere von diesen Mümmel-
männern in freier Wildbahn erleben.

Am Ostersonntag wollten die Mütter mit
ihren Kindern im Wald spazierengehen,
während die Väter, als Osterhasen verkleidet, umherhoppeln und Ostereier verstecken sollten. Die Lehrerin müßte sie mit
eigenen Augen sehen, müßte sehen, daß es
ihn gab, und nicht nur einen, sondern viele,
viele auf der ganzen Welt.

Ein ausgeklügelter Plan!

Nun war aber auch die Lehrerin nicht sehr
auf einen Streit aus, und sie überlegte sich,
wie sie die Eltern wieder für sich gewinnen
könnte. Schließlich war es ja unwichtig,
wann die Kinder aufhören würden, an diesen Super-Spezial-Osterhasen zu glauben.
Irgendwann würde es ihnen sowieso wie
Schuppen von den Augen fallen.

Sie hatte auch schon eine Idee! Ein Oster-
hasengewand wollte sie anziehen und Kindern wie Eltern am Ostersonntag eine
schöne Überraschung bieten.

Ein ausgeklügelter Plan!

Und ehrlich wahr: am Ostersonntag sahen
sie alle aus wie leibhaftige Osterhasen. Die
echten hätten daneben wie die falschen aus-
gesehen!

Schöner, modisch geschnittener Hosenan-
zug, Bauch weiß, Rücken hellbraun, am
Hintern eine weiße Bommel und auf dem
Kopf eine sagenhafte Hasenhaube mit riesigen Löffelohren. Sehr eindrucksvoll, wirklich sehr eindrucksvoll!

Doch was sich dann ereignete, daran erinnern sich Beobachter mit Grausen. Wie

staunte das liebe Fräulein Lehrerin, als es –
selbst ganz Osterhäsin – ein riesiges Oster-
hasenmonster auf sich zuhoppeln sah, dahinter im Laufschritt einige Mütter mit
ihren Kindern.

Schnell versuchte sich die Lehrerin ins Gebüsch zurückzuziehen, doch – o Schreck! –
da legte bereits ein anderer Riesenhase seine
Eier ab.

Nun blieb ihr nur noch die Flucht nach
vorn. Leider verfing sich ihre Kappe samt
Löffelohren im Geäst.

»Ja, das Fräulein Lehrerin!« entfuhr es einem der Hasen. Und seine Stimme hörte
sich an wie die des Herrn Hartmann.

Sie ging auf ihn zu, und er war so verdattert,
daß er glaubte, seinen Hut abnehmen zu
müssen ... Wie peinlich! Der schwitzende,
schnaufende Herr Hartmann im Häschen-
anzug. Was aber noch schlimmer war:
ringsum standen mit offenen Mündern bereits einige Mütter mit ihren Kindern.

Waren die Kinder von Baumhackelried nun
verdorben?

Jedenfalls – der Glaube an den Osterhasen
war dahin, und der Respekt vor dem Hart-
mann-Papa und vor der Lehrerin auch.

HARALD GRILL

Flohbeulen

Einmal hatte Pia einen Floh – und das war so:

»Mama, ich hab hier so Beulen«, sagte Pia und zeigte Mama ihren Arm. »Es juckt so!«

»O weh!« sagte Mama, »du hast einen Floh! Wir müssen ihn fangen.«

»Vielleicht ist es ein Hundefloh«, sagte Tante Anne, »oder ein Katzenfloh oder …«

»Jedenfalls«, sagte Oma, »jedenfalls müssen wir den Floh fangen. Das arme Kind – so dicke Flohbeulen hat es!«

Dann breitete sie ein großes weißes Laken in der Küche aus. Pia mußte sich mitten draufstellen, und Oma zog sie aus.

»Das kann ich doch selbst!« sagte Pia.

»Sei still, Kind«, sagte Oma, »wir müssen uns konzentrieren.«

Mama und Tante Anne standen einander gegenüber und starrten auf das Laken.

»Laßt ihn bloß nicht entwischen«, sagte Oma und zog Pia langsam den Pullover über den Kopf. »Wenn er aus den Kleidern springt, müßt ihr ihn sofort fangen. Auf dem weißen Laken ist er ja gut zu sehen.«

»Sicher sitzt er im Unterhemd«, sagte Tante Anne und schaute Pia an.

»Anne«, sagte Oma streng, »paß auf!«

Da starrte Tante Anne wieder auf das Laken.

Oma zog Pia den rechten Schuh aus, dann den linken. Den rechten Kniestrumpf und den linken. Die Bluse und …

»Da, da!« schrie sie plötzlich und stürzte sich auf das Laken.

Auch Tante Anne und Mama versuchten, den Floh zu fangen. Es krachte furchtbar, als sie alle drei mit den Köpfen zusammenstießen.

»Habt ihr den Floh?« fragte Oma.

»Ich nicht«, sagte Mama und rieb sich die Stirn.

»Ich auch nicht«, stöhnte Tante Anne und hielt sich den Kopf.

»Dann ist er wohl über alle Berge«, meinte Oma. »Aber Hauptsache, du bist ihn los, Kind!«

»Jetzt habt ihr auch Flohbeulen«, sagte Pia, »aber die sind noch dicker als meine!«

Und dann legte sie allen dreien einen nassen Waschlappen auf die Stirn.

GERDA WAGENER

67

Nachdenkliches

Wenn der Eisbär
nicht so weiß wär'
und das Eismeer
siedendheiß wär',
wär' der Eisbär
Gott wer weiß wer,
nur kein Eisbär.

MANFRED SCHLÜTER

Die Reise

Mit seinem grünen Jaguar
wollte ein Frosch nach Afrika.
Doch mitten in Froschau
stand eine wundergrüne Frau.
Die wollte nach Berlin.
Da fuhr er dann auch hin.

HEINZ JANISCH

Sir George

Vornehm rotgetigert
sitzt Sir George und liest
sein Tom-und-Jerry-Heft,
die Fachzeitschrift für Kater.
Bald fühlt er Langeweile,
gähnt und streckt die Beine.
»Ich geh was raus,
schnapp mir 'ne Maus.«
Er zieht sich Turnschuh' an,
gar keine Frage.
Die Stiefel sind nur gut
für Regentage.
Im Hof trifft er Eurydike,
ein fettes Huhn und wohl geplustert.
Weg sind alle Mausgelüste.
»Kommst du mit rein?
Wir trinken Tee,
ganz englisch fein,
und essen Chips.«
Eurydike ziert sich recht artig,
fragt sich:
»Weiß nicht? Soll ich? Ach, warum nicht?«
Sie pickt
noch einen Wurm
und nickt.
»Ich gehe mit.«

Sir George schlürft seinen Tee und ärgert
sich.
Erst fraß das Huhn die Chips vom Tisch,
dann wollt' es Popcorn, sogar Nüsse!
Voll Gier taucht jetzt Eurydike
den spitzen Mund tief in die Tasse,
wirft wild den Kopf zurück
bei jedem Schluck.
»Wenn ich sie hier schon mäste,
wie wär's, wenn ich sie fräße?«
Sir George seufzt schwer.
Wenn sie doch kleiner wär',
nicht so viel Federn drum herum.
Wär' ich ein Fuchs, ich brächt' sie um.
Nein.

Ein
Huhn paßt nicht zu mir,
nicht mein Geschmack, nicht meine Tour.
»Es ist schon spät.«
Eurydike blickt auf die Uhr.
»Ich hab noch Zeit.«
»Verschwinde jetzt. Mach kein Theater.
Ich bin es leid.«
Geplustert schreitet sie zur Tür,
dreht sich noch um. »Du blöder Kater.«
Dann ist sie weg.

Vornehm rotgetigert
sitzt Sir George und liest
von Katz und Maus.
Er hat so viel zu tun
und keine Zeit für solch ein Huhn.

TILMAN RÖHRIG

Mißverständnis

Eine Maus sah einen Mann mit einer
Glatze.
Sie lief ins Mauseloch zurück und rief:
»Eine Glatze! Eine Glatze!«
Die anderen Mäuse verstanden:
»Eine Katze! Eine Katze!«
Sie wagten sich deshalb
erst am nächsten Morgen wieder
aus dem Loch hervor,
vor dem inzwischen
eine Katze auf der Lauer lag.

ALFONS SCHWEIGGERT

Sportfest der Tiere

»Sport ist gesund«,
bellt der Hund.
»Da hast du recht«,
hämmert der Specht.
»Ein Sportfest für Tiere!«
brüllen die Stiere.
»Olympische Spiele?«
fragen die Krokodile.
»Squosch!«
quakt der Frosch.
»Nie gehört«,
wiehert das Pferd.
»Golf!«
heult der Wolf.
»Ist mir zu schwer«,
brummt der Bär.
»Wasserball«,
meint der Wal.
»Nicht schlecht«,
sagt der Hecht.
»Wir könnten boxen«,
schreien die Ochsen.
»Nur zu!«
lacht das Känguruh.
»Hochsprung am Stabe!«
krächzt der Rabe.
»Ohne Stab ist's mir lieber«,
brummt der Biber.
»Wir wollen ein Rennen«,
gackern die Hennen.
»Gegeneinander?«
fragt der Panda.
»Nein, miteinander!«
sagt der Salamander.
»Ich bin zur Stelle!«
ruft die Gazelle.
»Aber wo?«
fragt der Floh.
»In der Nähe«,
krächzt die Krähe.
»In der Halle!«
ruft die Qualle.

»Nein, im Freien«,
schrein die Papageien.
»Spielt keine Rolle«,
sagt die Scholle.
»Welche Distanz?«
fragt die Gans.
»Über eine Meile«,
meint die Eule.
»Eine halbe!«
zwitschert die Schwalbe.
»Eine kurze Strecke«,
verlangt die Schnecke.
»Ich geh aufs Ganze!«
verspricht die Wanze.
»Wo ist das Ziel?«
fragt das Flußpferd vom Nil.
»Wo sollen wir bremsen?«
fragen die Gemsen.
»Wo sollen wir stoppen?«
fragen die Robben.
»Dort auf dem Hügel«,
erklärt der Igel.
»Wann fangen wir an?«
kräht der Hahn.

»Heut oder nie!«
ruft der Kolibri.
»In zwanzig Minuten«,
sagen die Puten.
»Wir werden siegen«,
glauben die Ziegen.
»Nein, *wir* wollen gewinnen«,
rufen die Spinnen.
»Das ist doch die Höhe!«
empören sich die Flöhe.
»*Ich* werde Sieger!«
brüllt der Tiger.
»Alter Angeber!«
grunzt der Eber.
»Wer gewinnt, ist ganz egal«,
sagt der Aal.
»Wichtig ist, dabei zu sein!«
grunzt das Schwein.
»Genau«,
schreit der Pfau.
»Wo bleibt das TV?«

Franz Sales Sklenitzka

Weißt du, wie kleine Fliegen liegen,
wenn sie einen Schnupfen kriegen?
Sie liegen auf dem Rücken.
Du darfst sie nicht zerdrücken.

Heinz Janisch

Der Mützenverkäufer

Ein Mützenverkäufer zog durchs Land von Dorf zu Dorf und verkaufte Mützen. Er hatte die Mützen in zwei Säcken und trug sie über den Schultern. Es war sehr heiß, und er war bald rechtschaffen müde. Er beschloß, sich auszuruhen.

Also suchte er nach einem schattigen Platz. Er fand einen Baum mit dichtem Blätterwerk, der reichlich Schatten spendete. Das ist der rechte Platz für ein Nickerchen, sagte sich der Mützenverkäufer.

Er legte sich unter den Baum und wollte schlafen. Es gelang ihm jedoch nicht. Die Mücken krochen ihm über das Gesicht und ließen ihm keine Ruhe. Da fielen ihm seine Mützen ein. Er öffnete einen Sack, holte sich eine Mütze und deckte sein Gesicht damit ab. Darauf schlief er sofort ein.

Als er wieder erwachte und nach seinen Säcken sah, waren beide leer. Der Mützenverkäufer war sehr erschrocken. Er überlegte, was er jetzt ohne Mützen machen sollte, und er legte sich dabei zurück ins Gras. Sein Blick ging in die Äste des Baumes. Auf den Ästen des Baumes sah er viele Affen sitzen, und jeder hatte eine Mütze auf dem Kopf.

Als er das sah, wußte er sofort, daß es seine Mützen waren, und er bekam eine schreckliche Wut. Er riß sich seine Mütze, die er ja noch hatte, vom Kopf und schrie: »Da habt ihr diese Mütze auch noch, ihr blöden Affen!« und warf seine letzte Mütze zu den Affen auf den Baum.

Die Affen machen doch bekanntlich alles nach, deshalb heißen sie ja auch Affen. Sie rissen nun ihrerseits die Mützen von den Köpfen und warfen sie nach dem Mützenverkäufer. Der lachte aus vollem Halse, sammelte seine Mützen ein, steckte sie wieder in die Säcke und machte sich davon.

Nelly Däs

73

Badewannen-Märchen

Es war eine Badewanne, weiß und mit kurzen Stummelbeinchen.

Ihr größter Wunsch war, einmal Kapitän auf einem Dampfer zu sein. Nicht auf einem Segelschiff – nein, ein Dampfer mußte es sein! Eines Nachts träumte die Badewanne vom weiten Meer, von Wind und Wellen, Inseln und Riffen. Plötzlich kam – im Traum – ein Dampfer daher, und der Traum war so stark, daß er Wirklichkeit wurde. Der Dampfer fuhr ans Meeresufer und fuhr durch Sand und Wiesen und Wald, bis zu dem Haus, wo die Badewanne wohnte. Dort tutete er dreimal.

Die Badewanne hörte das Tuten, und das Herz schlug ihr bis zum Emailrand. Auf ihren Stummelbeinchen plagte sie sich die

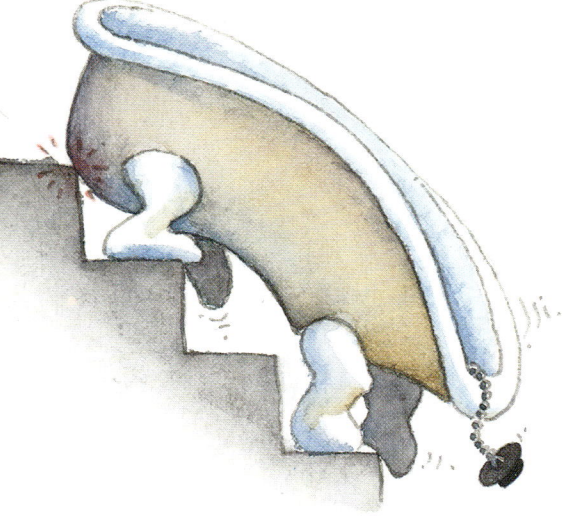

Treppe hinunter, verließ das Haus und lief auf dem Gartenweg zum Dampfer hin. Ganz außer Atem kam sie an. Der Dampfer öffnete ihr eine Luke, die Wanne stieg ein. Das Schiff wendete und fuhr durch Garten und Wald und Wiesen und Sand zum Meer zurück. Wie die Wellen strömten, als der Dampfer hinausfuhr auf die offene See! Die Badewanne stand auf der Kommandobrücke und war glücklich.

Am nächsten Morgen wachte die Hausbesitzerin auf, ging ins Badezimmer und wunderte sich: Die Wanne war fort! Und als sie hinaus in den Garten trat, sah sie, daß quer durch den Rasen und die Beete ein tiefer Graben lief – wie von einem Schiffskiel gezogen!

»Das ist kein guter Tag zum Aufstehn«, dachte die Hausbesitzerin und legte sich wieder ins Bett.

GEORG BYDLINSKI

74

Grünkohl, Braunbär, bunter Specht

Viele Menschen fordern:
»Grün soll die Erde bleiben!«

»War sie das je, verdammt?«
fragt die Blaubeere, entrüstet sich der Fliegenpilz,
flüstert die Teerose.

»Was ist das bloß für eine
oberflächliche Weltbetrachtung?«
rufen Zitronenfalter und Holunderbeere.

»Die Menschen gehen ja mit den Farben um
wie mit ihresgleichen!«
sagt erschüttert das Zittergras.

»Jeder Mensch weiß doch, wie er uns
zu bestimmten Zeiten und Anlässen braucht,
wie er uns regelrecht verehrt«,
meinen verärgert Kirschblüte, weißer Flieder,
Kornblume und die rote Rose.
»Und nun diese unverzeihliche Farbenblindheit!«

»Genau!« bestätigt die Blautanne,
»was soll bloß aus uns werden, wenn das um sich
greift, hab ich erst neulich zur Rotbuche gesagt,
und wir hatten sofort den Kohlrabi, die Amsel,
den Kienapfel und den Goldfisch
auf unserer Seite.«

»Wir können doch nichts dafür,
daß wir nicht grün sind!«
rufen Mohnblüte, Engerling, Braunbär
und Schwarzwurzel.

»Das ist wohl wahr!« meinen Nashorn
und Apfelsine. Und es stimmen ihnen
aus vollem Herzen Freunde zu, die nun
wahrlich kein Problem mit ihrer Farbe haben:
Schilfgras und Grünkohl,
Krokodile und Meeresalgen, Kaktus,
Tannennadeln und Obstbaumblätter.
Und die Grünfinken und Smaragdeidechsen

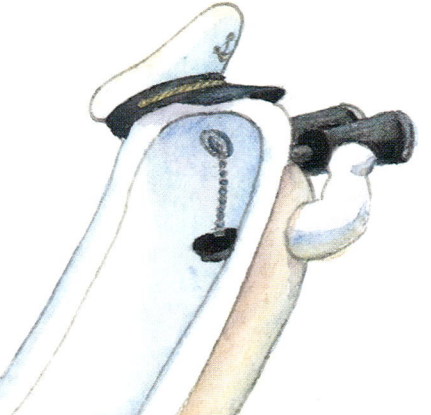

75

behaupten glatt, daß sie sich niemals irgend etwas
auf ihre Farbe eingebildet haben. Im Gegenteil.
Sie hätten manchmal heimlich andere bewundert
und beneidet, zum Beispiel die Hagebutte
und die Kirsche, die Kornblume und den Blauwal,
die Mandarine und die Sanddornfrucht, das Polareis
und die Birkenborke, den Ginster und den Pirol,
das Baumkänguruh und den Tannenzapfen,
den Flieder und den Mistkäfer, das Nashorn
und die Tonerde.

»Es ist einfach undenkbar, daß ich auf meinen
roten Hintern verzichte!« schreit der Pavian.

»Wie ich auf meinen gelben Bauch!«
rufen Unke und Kammolch zugleich.

»Gelbe Flecken auf dem Rücken können ungemein
entzücken«, lächelt der Salamander.

»Was wäre ich ohne mein Schwarz?«
fragt nachdenklich der Panther.

»Und wie soll ich den Menschen erklären,
daß sie mich ernten müssen, wäre ich grün?«
ereifert sich das reife Kornfeld.

»Stellt euch einen grünen Blauwal vor!«
kichert der Blauwal.

»Oder ein grünes Rotes Meer!«
lacht schallend das Rote Meer.

»Vom grünen Himmel mit der untergehenden
grünen Sonne ganz zu schweigen«,
wirft lässig der blaue Sommerhimmel ein.

»Wir bemühen uns seit Jahrtausenden,
zwei Farben zu vertreten, ohne die anderen
zu beschämen«, beteuern Zebra, Tiger,
Orchidee und Apfel.

»Ich hab da überhaupt keine Probleme«,
säuselt das Chamäleon, »denn ich kann durchaus
grün sein, wenn's die Zeit erfordert.«

»O nein!« erwidern Sommerstrauß und
Herbstblätter, rauschen die reifen Sommerfelder,
donnert der Regenwald, rufen trotzig Meeresgrund
und Wüstenfrühling, Schmetterling, Buntspecht und Pfau,
»wir wissen ganz genau:
Bunt muß die Erde bleiben!«
Bunt, wie alles, was freundlich sein will.

Manfred Bofinger

Micki Tintenklecks

Micki, schwarz wie Tinte und frech wie Oskar, war ein Tintenklecks, wie er im roten Klassenbuch sitzt, etwa sieben Zentimeter groß, fünfeinhalb Zentimeter breit, mit fransigen Haaren.

Mickis Eltern, die ihr ganzes Leben als anständige Tintenkleckse gearbeitet hatten, wohnten auf der vorletzten Seite eines gemütlichen, alten Hausaufgabenheftes von 1952. Mit herrlichem Ausblick auf einen schönen Aufsatz über den größten Berg der Welt.

Papa Tintenklecks war groß und nahezu viereckig, Mama Tintenklecks kugelrund wie ein großer schwarzer Punkt.

Das beschauliche Leben im alten Hausaufgabenheft fand Micki langweilig. Schließlich fühlte er sich schon halbstark. Er wollte in die Welt hinaus!

»Ich kann mir doch nicht mein ganzes Leben lang diesen blöden Berg und diese altmodischen Buchstaben angucken«, erklärte er eines Tages.

Mickis Eltern waren entsetzt; hatten sie doch insgeheim gehofft, ihr Sohn würde eines Tages ein nettes Tintenklecksmädchen

heiraten und in der Nähe eines anderen Aufsatzes oder gar mitten in einem Diktat im gleichen alten Hausaufgabenheft wohnen. Aber was sollten sie tun?

»So ist die Jugend eben«, grummelte Papa Tintenklecks mißmutig. »Sie will in die modernen Schulhefte mit den grellen Umschlägen!«

Mama Tintenklecks mahnte zur Vorsicht: »Heutzutage sind so viele Tintenkleckskiller unterwegs, die gab es zu unserer Zeit noch nicht. Trau auch keinem Löschblatt! Löschblätter sind besonders heimtückisch, sie wollen uns nur aufsaugen!«

Doch Micki war schon weg – über alle Seiten. Erst sprang er in ein Rechenheft, das auf dem Schreibtisch lag, dann landete er in einem Notenheft. Er kleckste in ein Erdkundeheft, später in ein Biologieheft. Überall war es ihm schon nach wenigen Zeilen langweilig.

Jetzt lagen nur noch zwei Hefte auf dem großen Schreibtisch: ein Englischheft und ein Diktatheft.

»Hoffentlich ist es darin interessanter«, hoffte Micki. »Sonst bleiben nur noch die dicken Bücher mit den vielen Seiten übrig. Und bis ich mich durch die durchgekleckert habe, vergehen Monate.«

Micki kleckste in das Diktatheft hinein. Da empörten sich die fehlerlosen, fein säuberlich in Schönschrift geschriebenen Buchstaben:

»Verschwinde! Du verdirbst uns die gute Note!«

So schnell Micki ins Diktatheft gekleckst war, kleckste er auch wieder hinaus. Von den in Schönschrift geschriebenen Buchstaben hatte er mehr Höflichkeit erwartet. Enttäuscht kleckste er in das Englischheft.

»How are you?« erkundigten sich drei Wörter und lachten gutgelaunt.

Fünf andere Wörter fragten:

»What's your name, my friend?«

Micki verstand zwar kein Wort, aber im Englischheft gefiel es ihm. Vergnügt kleckste er weiter.

Ausgerechnet auf der dreizehnten Seite traf Micki auf ein Löschblatt. Er konnte sich gerade noch an einem Eselsohr festhalten.

»Spring schnell auf mich«, rief das Löschblatt mit süßholzraspelnder Stimme. »Auf mir kannst du gemütlich wohnen!«

Aber Micki dachte gar nicht daran. Er hatte die Warnung seiner Mama nicht vergessen. Erst streckte er dem Löschblatt seine tintenschwarze Zunge heraus, dann brachte er sich flugs in Sicherheit.

Draußen auf dem Schreibtisch ruhte sich Micki erst einmal aus. In der großen weiten Welt herumklecksen war doch ganz schön anstrengend. Neugierig sah sich Micki auf dem Schreibtisch um. Da lagen Bleistifte, Buntstifte, Kugelschreiber, Füller und Büroklammern, einige Hefte und Bücher. Ein Glas Wasser stand neben einer Vase mit einem Blumenstrauß. Viele, viele Dinge, mit denen Micki nichts anzufangen wußte.

Er interessierte sich einzig und allein für das leere gläserne Tintenfaß. Es eignete sich hervorragend als Bett. Ohne Zögern kleckste Micki hinein, machte es sich darin bequem, gähnte ausgiebig und schlief ein.

Am nächsten Morgen tränkte ein Füller seine Feder im Tintenfaß.

Hungrig wie ein Wolf saugte er Micki auf. Und Micki verwandelte sich in Satzzeichen und Buchstaben.

Die könntest du in dieser Geschichte nachlesen, wenn sie mit schwarzer Tinte geschrieben wäre. Wenn du dann alle Buchstaben und Satzzeichen einzeln ausschneiden, durcheinandermischen und auf ein Blatt Papier kleben würdest, könntest du Micki sehen, den Tintenklecks.

CHRISTIAN KASTNER

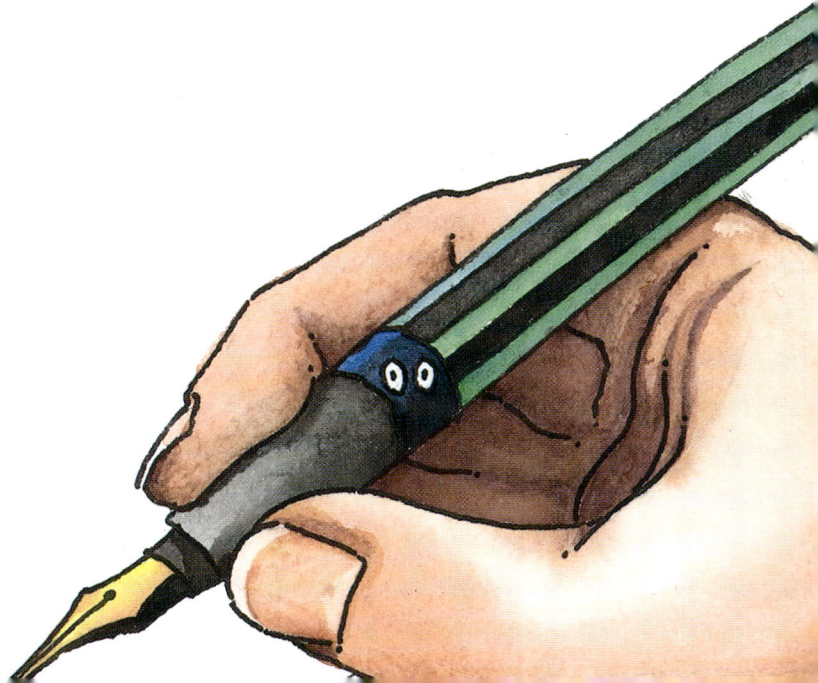

Es war einmal ein Riese

Es war einmal ein Riese, der saß unter einem Baum und hatte eine Riesenwut im Bauch. Der Baum hatte ihn nämlich soeben mit einem dünnen Zweig unter den Füßen gekitzelt. Und wenn Riesen etwas nicht leiden können, dann ist es, unter den Füßen gekitzelt zu werden.

»Warum kitzelst du mich?« brüllte der Riese den Baum an. Er legte seine ganze Riesenwut in das Gebrüll und umfaßte den Stamm des Baumes, als wollte er ihn ausreißen.

»Ich wollte es nicht«, sagte der Baum, »aber die Katze Pingpong ist in meinen Ästen herumgesprungen. Da hat sich der Zweig hinuntergebogen und dich gekitzelt.«

Der Riese sprang auf und lief hinter der Katze Pingpong her.

»Warum springst du so wild in den Ästen des Baumes herum?« brüllte der Riese die Katze an, und er legte seine Riesenwut in dieses Gebrüll. »Ein Zweig hat sich hinuntergebogen und mich unter den Füßen gekitzelt.«

»Tja«, sagte die Katze Pingpong und putzte sich sorgfältig, »Katzen springen nun mal in Bäumen herum. Und außerdem hat mich der schwarze Poldi gejagt. Ich habe gedacht, er nimmt mich auf die Hörner!«

Mit einem Schritt war der Riese auf der Weide. »Warum jagst du die Katze Pingpong?« brüllte der Riese den schwarzen Poldi an, und er legte alle Wut, die er noch hatte, in sein Gebrüll. »Als sie im Baum herumgesprungen ist, hat sich ein Zweig hinuntergebogen und mich unter den Füßen gekitzelt. Und wenn ich etwas nicht leiden kann, dann ist es, unter den Füßen gekitzelt zu werden!«

»Ich … ich hatte Streit mit Herkules«, stotterte der schwarze Poldi verlegen. »Er hat mich so wütend angebellt. Ich dachte, er würde mich beißen.«

Da lief der Riese zu Herkules.

»Warum bellst du den schwarzen Poldi an?« brüllte er. »Er hat die Katze Pingpong gejagt. Die Katze ist im Baum herumgesprungen, und da hat sich ein Zweig hinuntergebogen und hat mich unter den Füßen gekitzelt. Und wenn ich etwas nicht leiden kann, dann ist es, unter den Füßen gekitzelt zu werden!« Der Riese schnaubte vor Wut.

»Tut mir leid«, sagte Herkules und nagte an einem Knochen. »Aber ich war so wütend auf Mira. Ganz friedlich habe ich neben ihr im Gras gelegen. Plötzlich springt sie auf und schimpft mich aus. Wieso weiß ich auch nicht. Ich bin immer noch wütend!«

Da ging der Riese zu Mira.

»Wieso schimpfst du den Herkules aus, obwohl er friedlich neben dir im Gras liegt?« brüllte der Riese.

»Ich weiß schon«, sagte Mira, »das war nicht richtig. Aber der Wind hat das Gras bewegt, und das hat mich unter den Füßen gekitzelt. Und wenn ich etwas nicht leiden kann, dann ist es, unter den Füßen gekitzelt zu werden.«

»Ja«, sagte der Riese, »das kann ich gut verstehen.« Seine ganze Riesenwut war auf einmal weg.

»Eigentlich war ich wütend auf den Wind«, sagte Mira, »aber der Wind macht doch, was er will, ganz gleich, ob man ihn auszankt oder nicht. Da habe ich mit dem Herkules geschimpft.«

»Und Herkules hat den schwarzen Poldi angebellt«, sagte der Riese, »dann hat der schwarze Poldi die Katze Pingpong gejagt. Die Katze Pingpong ist im Baum herumgesprungen, und da hat sich ein Zweig hinuntergebogen und hat mich unter den Füßen gekitzelt. Und wenn ich etwas nicht leiden kann, dann ist es, unter den Füßen gekitzelt zu werden!«

»O ja«, sagte Mira, »das kann ich gut verstehen!« Mira sah den Riesen an, und der Riese sah Mira an. Dann lachten und lachten und lachten sie. Es war ein wahres Riesengelächter.

Und am Abend hängten sie Lampions in die Äste des Baumes. Sie luden Herkules, den schwarzen Poldi und die Katze Pingpong zu einem Versöhnungsfest ein. Der Wind kam auch. Er schaukelte die Lampions ein wenig hin und her und ließ die Blätter des Baumes leise miteinander wispern.

Aber der Riese trug vorsichtshalber Sandalen, und Mira hatte ihre knallroten Turnschuhe an. So konnte sie nichts und niemand unter den Füßen kitzeln!

GERDA WAGENER

Wie der Regenbogen entstanden ist

»O je«, sagte der Regen.
»Der See da vorne ist schon ganz voll. Der wird bald überlaufen.
Um den mach ich lieber einen großen Bogen.«
Ja, und so ist der Regenbogen entstanden.

HEINZ JANISCH

Es war einmal ein König

Es war einmal ein König,
der war kräftig und sehnig,
groß, schlank und schlaksig,
und leider ziemlich flachsig.

Es war einmal ein König,
der lebte sehr eintönig
ganz alleine auf einer Wolke
und suchte nach einem Volke.

Es war einmal ein König,
der sagte vorm Spiegel: »Wie schön ich doch ausseh mit meiner Krone!
Doch wie absolut mies bin ich ohne …«

MARTIN AUER

Sprüchemacher & Redenschwinger

Der Elefant im Porzellanladen

Wieder einmal betritt er pflichtgemäß den Porzellanladen, um – wie es sich nun einmal gehört – recht viel Geschirr zu zerteppern. Also losgetrampelt!

Er stampft aber zwischen den Regalen derart ungeschickt umher, daß er die meisten Tassen und Schüsseln verfehlt. Jene, die er mit dem Rüssel trifft, fallen so unglücklich, daß sie nicht kaputtgehen.

Sosehr sich der Elefant auch anstrengt, er zerschlägt kaum etwas.

Da wird er aus Wut ganz fröhlich und hüpft trompetend aus dem Geschäft.

Nochmal schickt ihn keiner hierher, nur um veraltete Sprüche am Sprachleben zu erhalten.

Lutz Rathenow

83

Ein Vortrag von Professor Quack

Die Enten gehören zu den wichtigsten Mitgliedern der modernen Gesellschaft. Ohne uns Enten wäre das moderne Leben gar nicht möglich. Die gesamte Wirtschaft beispielsweise wird von Enten in Gang gehalten. Von den *Produz-Enten,* die die nötigen Sachen machen, und von den *Konsum-Enten,* die die Sachen dann wieder wegmachen.

Als gebildete Mitglieder der Gesellschaft kann man eigentlich praktisch nur die *Abituri-Enten* betrachten. Überhaupt wären auch die Universitäten undenkbar ohne Enten. Die *Abituri-Enten* verwandeln sich dort in *Stud-Enten,* und wer sollte dort lehren, wenn nicht die *Doz-Enten,* unterstützt von den *Assist-Enten.*

Im Ausland werden die heimischen Enten durch *Konsul-Enten* vertreten.

Die Orchester werden geleitet von *Dirig-Enten,* und die Spitäler sind voll mit *Batzi-Enten,* die so heißen, weil sie oft hinter sich ein Batzi lassen.

Manche Enten werden reich, indem sie Geld zu Wucherzinsen verleihen. Wenn eine solche Ente dann auch noch mit ihrem Reichtum angibt, nennt man sie *Protz-Ente.* Die *Dekad-Enten* freilich werden wegen ihrer Lasterhaftigkeit nur zehn Jahre alt.

MARTIN AUER

84

Das Zwetschgengespenst

Ein sehr zwetschgiges Zwetschgengespenst, mehr als zwetschghundertzwetschgundzwetschig Jahre alt, mit zwetschgenblauen Augen und zwetschgenblauer Nase, wohnte bei Balduin, dem Zwetschgenkönig. Balduin, der Zwetschgenkönig, herrschte in seinem Zwetschgenpalast über sechsundsechzig Zwetschgen, dreiundzwanzig Zwetschgenkerne und zwölf Zwetschgenknödel.

Im Herbst gab er das große, einmalige, noch nie dagewesene Zwetschgenfest. Es kamen: große Zwetschgen, kleine Zwetschgen, angequetschte Zwetschgen und ganz zerquetschte Zwetschgen. Leider auch ein Korb voll fauler Zwetschgen.

Das sehr zwetschgige Zwetschgengespenst sollte Punkt zwetschg Uhr zwetschg erscheinen und als Höhepunkt des großen, einmaligen und noch nie dagewesenen Zwetschgenfestes das neue Zwetschgenlied singen, zur Ehre Balduins, des Zwetschgenkönigs.

Das Zwetschgengespenst hatte eine volle Zwetschge lang gebraucht, um das Lied zu zwetschgen. Es fand, ein zwetschgigeres Lied habe es noch nie gezwetschgt. Und es hoffte, von Balduin, dem Zwetschgenkönig, den blauen Zwetschgenorden verzwetschgt zu bekommen.

Am Tag des Festes trank das sehr zwetschgige Zwetschgengespenst ein halbes Glas Zwetschgensprudel, aß zwetschgundzwetschig Semmelbrösel und putzte sich mit einem Fitzelchen Zwetschgenbaumrinde die Zwetschgenzähne.

Die zwetschgigen Gäste Balduins zwetschgten einen Zwetschg nach dem anderen, bis sie völlig erzwetschgt zu Boden sanken. Die zerquetschten Zwetschgen zwetschgten mit

den unzerquetschten Zwetschgen, und die halbzerquetschten Zwetschgen zwetschgten mit den faulen Zwetschgen. Allerdings nur eine halbe Zwetschge lang. Für länger waren die faulen Zwetschgen zu faul.

Punkt zwetschg Uhr zwetschg erschien das sehr zwetschgige Zwetschgengespenst, zwetschgmal so groß wie sonst. Zwetschgig unzerquetschte Zwetschgen waren aneinander hochgezwetschgt, und oben, auf der höchsten Zwetschge, balancierte das sehr zwetschgige Zwetschgengespenst und zwetschgte das zwetschgigste Zwetschgenlied aller Zwetschgen:

Balduin, der Zwetschgenkönig,
ißt zu wenig, trinkt zu wenig,
darum ist er zwetschgendürr,
dürr wie eine Zwetschgenschnürr.

Gerade als das sehr zwetschgige Zwetschgengespenst bei »Zwetschgenschnürr« angekommen war, mußte die drittunterste Zwetschge zwetschgen. Denn sie war schon seit zwetschgig Zwetschgen völlig erzwetschgt.

Mit einem furchtbaren Zwetschg zwetschgten da die zwetschgig unzerquetschten Zwetschgen zu Boden. Und das sehr zwetschgige Zwetschgengespenst wurde unter den zwetschgig unzerquetschten Zwetschgen völlig zerquetscht. Da war das große, einmalige, noch nie dagewesene Zwetschgenfest zu Ende. Das sehr zwetschgige Zwetschgengespenst mußte in die Zwetschgenklinik, zwetschg Zwetschgen lang.

Und Balduin, der Zwetschgenkönig, war zwetschgig bezwetschgt. Denn ihn, den zwetschgigsten Zwetschgenkönig aller Zwetschgen, dürr zu nennen, das war die allerallerzwetschgigste Bezwetschgigung!

WALTHER HOHENESTER

Rätsel

Seltsames Möbel
Sehen kann man es nicht, aber man kann
darauf liegen.
Auf der Lauer.

Was ist der Unterschied zwischen einem
Flickschneider und einem Polizisten?
*Der Flickschneider stopft, und der Polizist
führt ab.*

Warum ist die Zange ein Feigling?
Weil sie immer kneift.

Warum haben alle Malerlehrlinge ein tragi-
sches Schicksal?
Weil sie so jung schon abkratzen müssen.

Ein uralter Bayer aus Tölz
verirrte sich nachts im Gehölz.
Nach einhundert Stunden
hat man ihn gefunden –
erzählt er noch heute ganz stölz.

MATTHIAS HOPPE

86

Was ist das für ein Film, wenn der Kellner vom Nachtcafé um vier Uhr früh Kassensturz macht?
Abrechnung im Morgengrauen.

Der Herr Generaldirektor hinkte, weil er einen DINGSBUMS verloren hatte, blieb auf dem DINGSBUMS stehen, um einen DINGSBUMS zu lesen, in dem stand, daß seine Firma keinen DINGSBUMS hatte. Da zog er seine Taschenflasche und trank sie ohne DINGSBUMS aus. Was für ein Dingsbums ist das?
Absatz.

Was ist eine falsche Behauptung?
Eine Perücke.

Und warum erzeugt der Konditor kleine Wappenadler aus Zucker?
Damit jeder seinen Aar schlecken kann!

Er arbeitete bei der Post, an einem Schalter, über dem DINGSBUMS stand. Doch war er dieser DINGSBUMS auf die Dauer nicht gewachsen. Er bemühte sich, aber schließlich mußte er sich zur DINGSBUMS entschließen.
Aufgabe.

Wer kann 20 Flaschen Bier problemlos in einem Zug austrinken, ohne betrunken zu werden?
Zum Beispiel der Schaffner in der Transsibirischen Eisenbahn. Die fährt eine Woche von Moskau bis Wladiwostok, da hat er Zeit genug.

MARTIN AUER

87

Zwick und Zwack, Zwack und Zwick

Herr Zwick war verliebt. Er verliebte sich in Frau Zwack. Herr Zwick war schon einmal verheiratet; seine Frau war verstorben. Aus dieser Ehe stammten ein Bub und ein Mädchen. Auch Frau Zwack hatte zwei Kinder. Sie war geschieden, und aus dieser Ehe gab es ein Mädchen und einen Buben. Nach einiger Zeit beschlossen Herr Zwick und Frau Zwack zu heiraten. Da sie sich nicht auf einen gemeinsamen Familiennamen einigen konnten, nannten sie sich Zwick-Zwack.

Um die Kinder von Herrn Zwick und Frau Zwack, die nun auch alle vier Zwick-Zwack hießen, unterscheiden zu können, nannten sich die Kinder von Herrn Zwick von nun an Zwick-Zwack-Zwick, die Kinder von Frau Zwack aber Zwick-Zwack-Zwack.

Wie das Leben so spielt: Nach einer gewissen Zeit geschah etwas Merkwürdiges: Das Mädchen von Herrn Zwick verliebte sich in den Buben von Frau Zwack, und die Tochter von Frau Zwack verliebte sich in den Jungen von Herrn Zwick. Als sie erwachsen waren, beschlossen sie zu heiraten. Aber sie konnten sich nicht auf einen gemeinsamen Namen einigen. Die Standesbeamtin schlug vor, beide Paare sollten sich Zwick-Zwack-Zwick-Zwack nennen. Allerdings konnte dann niemand mehr anhand des Namens herausfinden, welcher Ehepartner oder welche Ehepartnerin Herrn Zwick zum Vater hatte und wer Sohn oder Tochter von Frau Zwack war. Also hängten sie noch ein Zwick oder Zwack hinten am Namen an. Der verheiratete Sohn von Herrn Zwick hieß nun Zwick-Zwack-Zwick-Zwack-Zwick, und die verheiratete Tochter der Frau Zwack hieß Zwick-Zwack-Zwick-Zwack-Zwack. Die verheiratete Tochter von Herrn Zwick war dagegen die Frau Zwick-Zwack-Zwick-Zwack-Zwick. Das alles war ziemlich schwierig, und sogar Freunde und Nachbarn der Zwick-Zwacks konnten sich die richtige Reihenfolge der Namen nicht merken.

Wenn die jungen Ehepaare auf einer Party vorgestellt wurden, hieß es zum Beispiel:
(1) Dies ist Frau Zwick-Zwick-Zwack-Zwack-Zwack.
(2) Dies ist Herr Zwick-Zwick-Zwick-Zwack-Zwack.
(3) Dies ist Herr Zwick-Zwack-Zwack-Zwick-Zwack.
(4) Dies ist Frau Zwick-Zwick-Zwack-Zwack-Zwick.

Auch wenn diese Namen in ihrer Reihenfolge nicht richtig sind, können aufmerksame Leserinnen und Leser doch feststellen, wer der Vater oder die Mutter der vier vorgestellten Personen ist.

Lösung: (1) Frau Zwack, (2) Herr Zwick, (3) Frau Zwack, (4) Herr Zwick

BRUNO HORST BULL

Der Schurke Harry Gurke
Ein krimodrames Poem

»Das war wieder Harry Gurke,
dieser Schurke!«
rief Inspektor Hupe
und sah durch die Lupe.

»Das ist der Abdruck seiner Hand!
Klar erkannt!«
sagte Wachtmeister Grips
und lockerte den Schlips.
»Dies ist eine äußerst schwere,
sehr delikate Kriminalaffäre.«

»Wir werden ihn fangen
und dafür belangen«,
brummte Jessica Bärin,
die Justizsekretärin.

»Die Schwierigkeit liegt darin«,
bemerkte die Kommissarin
Gundula Fischen,
»wenn wir ihn erwischen,
wird er tierisch lügen.
Aber wir werden ihn kriegen!«

»Wir haben Beweise,
haufenweise.
Dafür muß er in den Knast
sieben Jahre – oder fast«,
rief Inspektor Hupe
und drohte mit der Lupe.

»Ich gehe jetzt los und hole Hasso,
dann fangen wir Harry im Wald mit dem
Lasso«,
rief Katharina Schleifer
voller Eifer.
Sie war noch Studentin
und eine ehrgeizige Assistentin.

Doch Harry fangen, das ging nicht so
schnell,
er war nicht im Wald, sondern im Hilton-
Hotel.
Er saß an der Bar,
wo er gern abends war,
und tat, als ob er schliefe.
Sein Abhörgerät war in einer Olive.

Als er die finstere Nachricht vernahm,
die über Microchipfunk in sein Cocktail-
glas kam,
von Hupe, Bärin, Schleifer und Fischen,
war es ein Leichtes für ihn zu entwischen.

Flugs sprang der forsche
Harry Gurke in den Porsche,
der ihm gar nicht gehörte,
was nicht sonderlich störte,
und entwischte nach Flandern
zu Kalle Kox und den andern.

URSEL SCHEFFLER

Der Herr Ungemach

Der Herr Ungemach ärgert sich über alles: Am Montag ärgert er sich darüber, daß Montag ist.

Morgens ärgert er sich darüber, daß Morgen ist. Abends ärgert er sich darüber, daß Abend ist. Wenn es regnet, ärgert sich der Herr Ungemach über den Regen, und wenn die Sonne scheint, ärgert er sich auch darüber.

Er ärgert sich einfach über alles. Und deshalb hat er auch keine Freunde.

Nachdem er schon tagelang nichts mehr gegessen hat, will der Herr Ungemach nun etwas Neues ausprobieren: Fisch. Aber als er den Fisch im Laden gekauft hat, ärgert er sich darüber, daß der noch nicht tot ist.

Und zu Hause fängt dieser blöde Fisch sogar an zu sprechen: »Was ist denn los mit dir? Du siehst ja aus wie sieben Tage Regenwetter!«

»Regenwetter?« knurrt der Herr Ungemach, »Regenwetter ist überhaupt ganz schlimm.«

»Aber es regnet doch gar nicht«, sagt der Fisch. »Das ist ja das Schlimme«, ärgert sich

Über Freunde würde sich der Herr Ungemach sowieso nur ärgern: Der eine wäre ihm zu groß, der andere zu klein, der nächste zu dick, der vierte zu dünn, einer wäre zu klug, die meisten wären sowieso doof, und viele wären ihm zu blond.

Weil der Herr Ungemach sich über alles und jeden ärgert, hat er die Vorhänge in seinem Zimmer zugezogen, damit er ja nicht sieht, was draußen passiert.

Wenn er Hunger hat, ärgert er sich auch: Das Gemüse ist ihm zu grün, das Brot ist ihm zu trocken, von Fleisch wird ihm schon beim ersten Bissen schlecht, und Oliven sind ihm zu schwarz.

der Herr Ungemach, »wenn die Sonne scheint, muß man sich die Augen zuhalten.« Der Fisch versteht das nicht und sagt: »Hier in der Wohnung ist es doch dunkel!«

»Du hast ja keine Ahnung!« ruft der Herr Ungemach, »ich hasse die Dunkelheit. Und außerdem ist heute Montag, es ist Abend, ich habe Hunger, und es ist kalt!«

Darauf sagt der Fisch traurig: »Wenn du so großen Hunger hast, mußt du mich in der Pfanne braten und essen.«

Aber das ist dem Herrn Ungemach auch nicht recht: »Dann würde ich mich ganz fürchterlich darüber ärgern, daß du tot bist und ich nicht mehr mit dir reden kann.«

Der Fisch überlegt kurz und macht dann einen Vorschlag:
»Warum sagst du nicht einfach, daß heute Dienstag ist?«
Der Herr Ungemach versteht das nicht sofort. Er sagt: »Ja, aber es ist doch dunkel, und Dunkelheit ärgert mich.«
Darauf der Fisch: »Dann sag doch einfach, es ist nicht dunkel, sondern hell!«
»Aber es ist doch Abend!«
»Dann nenn den Abend einfach Morgen!«
»Und findest du nicht, daß es hier kalt ist?«
»Wenn dir kalt ist und du dich darüber ärgerst, sag doch einfach: Du schwitzt, weil es so heiß ist.«
Da fällt dem Herrn Ungemach nichts mehr ein. Er fängt schon an zu stottern: »Ja, aber, ich ärgere mich… aber… und weil… ich muß mich ärgern… darüber… daß… daß… daß du ein Fisch bist!«
Da muß der Fisch laut lachen und sagt: »Dann nenn mich doch einfach Schwan!«
Der Herr Ungemach hat jetzt keine Idee mehr, worüber er sich ärgern soll: Wenn es regnet, sagt er einfach, daß die Sonne scheint; wenn es dunkel ist, sagt er hell dazu, und wenn er Hunger hat, fühlt er sich satt. So braucht er sich über nichts mehr zu ärgern.
Er holt den Ohrensessel aus dem Keller und nennt ihn Taschenlampe. Im Laden nebenan kauft er eine Blume und nennt sie Fernsehapparat. Die Tischdecke nennt er Badewanne, und das Glas für den Fisch, den er Schwan nennt, ist ein Kaninchenbau.
Und weil sich der Herr Ungemach über nichts mehr zu ärgern braucht, lädt er alle seine früheren Freunde zu einem Fest ein. Denen, die zu spät kommen, sagt er: »Ihr seid ja viel zu früh da!«
Seinen Schwan im Kaninchenbau aber pflegt er wie einen Fisch im Wasserglas.
Und er ärgert sich nie wieder.

MATTHIAS HOPPE

Hilfe!

Maren hat ein Tier gemalt, mit grünen Füßen.
»Das ist ein Grünfüßlertier«, sagt Richard. Er malt dem Tier noch eine lange rote Zunge.
Jetzt ist das Tier ein Grünfüßlerrotzungentier.
Lisa nimmt eine blaue Wachskreide. Damit malt sie dem Grünfüßlerrotzungentier einen Schwanz. Das sieht toll aus! Lisa klatscht in die Hände.
»Wir haben ein Grünfüßlerrotzungenblauschwanztier«, sagt sie. »Nils, jetzt bist du dran!«
Nils malt dem Tier ein Paar gelbe Flügel.
»Juchhu«, rufen Maren und Richard, Lisa und Nils, »hier ist ein Grünfüßlerrotzungenblauschwanzgelbflügeltier!«
Da kommt Papa ins Kinderzimmer.
»Was ist denn hier los?« fragt er.
Die Kinder zeigen ihm das Tier.
»Hilfe«, schreit Papa, »zu Hilfe!« und rennt hinaus in die Küche.

GERDA WAGENER

Der ungeschüttelte Reim

Schüttelreime kennt jeder, für die, die sie nicht kennen, folgt hier einer der bekanntesten:

Ich geh jetzt in den Birkenwald,
denn meine Pillen wirken bald.

Oder hier ist einer von mir, den zum Beispiel ein wütender Sizilianer mit gezücktem Dolch ausrufen könnte:

Daß nicht die feige Brut lache,
beginn ich jetzt die Blutrache!

Noch einer von mir:

Erst soffen sie die schweren Weine,
dann dachten sie, sie wären Schweine.

Es gibt auch vierzeilige Schüttelreime, in denen alle Möglichkeiten des Vertauschens ausgeschöpft werden, so wie in diesem berühmten Vers über den Südtiroler Ort Gossensaß:

Ein Wagen fuhr durch Gossensaß,
mitten durch die Soßengass',
so daß die ganze Gassensoß'
sich über die Insassen goß.

Mein ganzer Stolz ist aber die Erfindung des ungeschüttelten Reims, bei dem nichts vertauscht wird. Hier ist eine ganze Reihe davon:

Sie paßt nicht in die Starkleider,
denn sie ist zu stark, leider!

Wenn ich in die leeren Flaschen weine,
ersetzt mir das doch nicht die Flaschenweine.

Man kann sie nicht lieben, nur herzeigen,
denn ihr ist leider kein Herz eigen!

Die Kleider auf dem Kleiderbügel
ersparn mir, daß ich Kleider bügel.
Doch hängend an dem Kleiderrechen
mit Falten sich die Kleider rächen!

Sein Fehler: er war sich nie der Lage
bewußt. Daher seine Niederlage!

Die Leiche in der Kühltruhe
genießt nun tiefgekühlt Ruhe.

Er suchte bei ihr Abenteuer,
doch kam ihn dieser Abend teuer.

Er speist gegrillte Moder-Egel,
denn so befiehlt's die Moderegel.

*Man ißt gespickten Aal, vielleicht mögen
manche auch gespickten Adler. Das folgende
Gedicht soll solche Leute aufrufen, den Adler vor dem Spicken zu rupfen:*

Du sollst nicht den köstlichen Aar spicken,
wenn ihm noch die Federn am Arsch
picken!

Soll ich im Mai die schönen Maiden mei-
den?
Nein, Blumen schenk im schönen Mai den
Maiden!

Der Hund durchs Laub froh schleicht,
dort, wo der Laubfrosch laicht.

Weil Löwen jeden Läufer jagen,
soll man jeden Leu verjagen!

Der Bauer gab viel aus
zur Bekämpfung der Viehlaus!

Es kannte die Urzeit
noch keine Uhrzeit.

Der Flohkauf
flog auf!

Die Braut
braut.

MARTIN AUER

Onkel Theo erzählt von der Banane

»So, ihr Kinder«, sagte der Onkel Theo. »Heute werdet ihr mal wieder was lernen.« Die Kinder setzten sich auf Onkel Theos grünes Sofa und spitzten die Ohren.

»Also«, sagte Onkel Theo. »Die Banane.« Und er kratzte sich am Kopf. »Die Banane ist ein krummer Gegenstand, den man essen kann. Die Verpackung besteht aus einem gelben Material. Am oberen Ende ist ein schwarzer Stiel. Diesen Stiel nennt man Bananenöffner. Wenn man nun eine Banane essen möchte, dann muß man den Bananenöffner umknicken und mit seiner Hilfe die Verpackung von der Banane herunterziehen. Die Verpackung selbst nennt man Schale. Sie ist nicht eßbar, aber sie ist sehr praktisch, denn wenn man die untere Hälfte dranläßt, dann hat man einen hervorragenden Bananenhalter und macht sich die Hände nicht so schmutzig.

Es ist noch gar nicht lange her, da wurden die Bananen ohne Bananenöffner geliefert. Als ich so alt war wie ihr, da hatten die Bananen noch gar keinen Stiel. Da war das Bananenessen noch nicht so einfach wie heute. Um eine Banane zu öffnen, brauchte man zunächst einmal einen Hammer und einen Nagel. Damit hat man ein kleines Loch in das obere Ende der Bananenschale geschlagen – aber vorsichtig, damit das zarte Fruchtfleisch keinen Schaden nahm. Anschließend mußte man die Schale mit einem Büchsenöffner in zwei Hälften schneiden. Und dann erst konnte man die Banane essen. Erst vor rund dreißig Jahren hat ein kluger Professor aus England den Bananenstiel erfunden.

Und jetzt erkläre ich euch, wie Bananen gemacht werden. In den Bananenfabriken gibt es Töpfe, so groß wie Häuser, und in diesen Töpfen befindet sich der leckere Bananenbrei. Dieser Brei ist eine flüssige Masse. Er wird etwa drei Wochen lang verrührt und mit ein wenig Zement abgemischt, damit er schön fest wird. Aber nicht zu fest! Denn zuerst einmal muß ja die Banane in die Schale kommen, und dafür muß der Brei noch ein bißchen flüssig sein. Er wird aus langen dünnen Rohren in die Bananenschale gespritzt. Und wenn die Banane voll ist, dann wird sie zugeklebt. Wenn ihr euch eine Banane einmal ganz genau anschaut, dann seht ihr gegenüber dem Stiel, am anderen Ende also, einen dicken, schwarzen Punkt. Das kommt vom Klebstoff. Zum Schluß kommt noch ein bißchen gelbe Farbe drauf – und fertig ist die Banane. Das könnt ihr sogar selbst machen, ihr braucht nur etwas Bananenbrei und eine Bananenschale. Habt ihr schon einmal eine Banane gebastelt?«

Die Kinder schüttelten den Kopf.

»Jetzt wißt ihr ja, wie es geht«, sagte Onkel Theo. »Aber das Wichtigste hätte ich fast vergessen. Denn bevor der Bananenbrei ganz getrocknet ist, müßt ihr die Banane krumm biegen. Das ist nicht schwer. Man nimmt die Banane einfach in beide Hände, legt sie übers Knie und biegt mit aller Kraft. Dabei muß man schreien wie ein richtiger Affe! Das dauert fünf Minuten, und dann ist die Banane krumm.«

»So ein Quatsch!« riefen die Kinder. Da tat Onkel Theo ein bißchen beleidigt und als ob er gar nichts mehr erzählen wollte. Aber dann überlegte er es sich doch anders. »Also gut«, sagte er und kratzte sich am Kopf. »Vielleicht ein anderes Mal. Aber für heute ist Schluß.«

MARTIN EBBERTZ

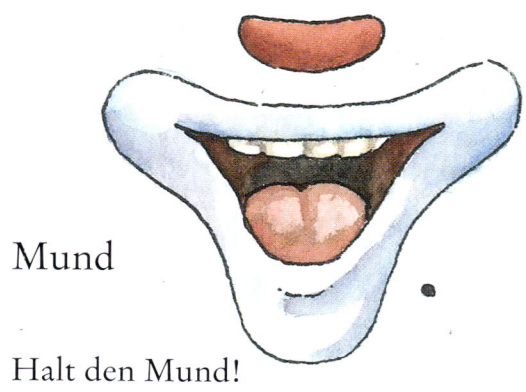

Mund

Halt den Mund!
Ich lasse mir nicht den Mund verbieten!
Dir steht der Mund nie still!
Und du machst den Mund nicht auf!
Du wirst dir noch den Mund verbrennen!
Ich bin eben nicht auf den Mund gefallen!
Du nimmst den Mund reichlich voll!
Immer mit dem Mund vorneweg ist besser,
als mit offenem Mund dastehen!
Wer schöne Sprüche im Munde führt,
dreht einem auch das Wort im Munde um.
Ich nehme kein Blatt vor den Mund.
Du redest dir den Mund fusselig!
Ich kann nur noch Mund und Nase auf-
reißen.
Du schmierst allen Honig um den Mund!
Ich rede niemandem nach dem Munde!
Du machst allen den Mund wässerig!
Und du nimmst jedem das Wort aus dem
Munde!
Das Wasser läuft mir im Mund zusammen.
Sprich nicht mit vollem Mund!
Fahr mir nicht über den Mund!
Halt den Mund!

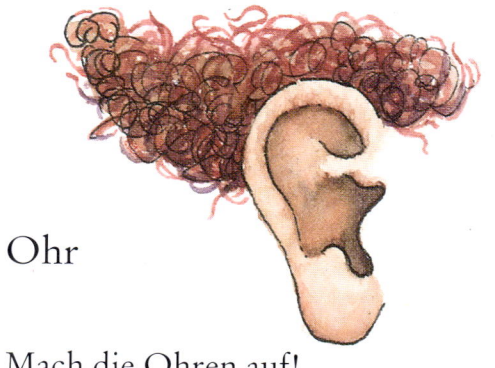

Ohr

Mach die Ohren auf!
Sitzt du auf den Ohren?
Hast du keine Ohren?
Die Wände haben Ohren.
Hast du Dreck in den Ohren?
Wasch dir die Ohren!
Schreib es dir hinter die Ohren!
Du hast wohl einen kleinen Mann im Ohr!
Schrei mir nicht die Ohren voll!
Ich geb dir eins hinter die Ohren!
Mich kannst du nicht übers Ohr hauen!
Du bist noch nicht trocken hinter den
Ohren.
Du sollst dir den Wind um die Ohren
wehen lassen!
Du liegst mir in den Ohren!
Warum hörst du nur mit halbem Ohr zu?
Bei dir geht alles zum einen Ohr hinein
und zum anderen wieder hinaus.
Auf *dem* Ohr höre ich schlecht!
Mach die Ohren auf!
Ich spitze die Ohren.
Leih mir dein Ohr!
Ich bin ganz Ohr.

ROSEMARIE KÜNZLER-BEHNCKE

Liebe Sarah! Dein Alois

Liebe Alexandra!
Ich hab zu Michi gesagt, du bist meine Verliebte. Jetzt will ich wissen, ob das stimmt. Stimmt es?

Thomas

Lieber Thomas!
Ich weiß nicht. Bei der Erstkommunion bin ich mit dem Gerald gegangen. Alle haben gesagt, wir sind ein schönes Paar.

Alexandra

Liebe Petra!
Der Hannes sagt, du gehst mit ihm, und der Wolfgang sagt, du gehst mit ihm. Warum gehst du nicht mit mir?

Harald

Lieber Harald!
Ich gehe nicht mit dem Hannes. Und ich gehe nicht mit dem Wolfgang. Mein Freund geht schon in die Hauptschule. Ich sage aber nicht, wie er heißt.

Petra

Liebe Petra!
Du hast dem Hannes ins Stammbuch geschrieben: *Rosen, Tulpen, Nelken, alle 3 verwelken, Stahl und Eisen bricht, aber unsere Liebe nicht.* Stimmt das?

Wolfgang

Lieber Wolfgang!
Ich habe das Gedicht im Stammbuch von der Elfi gefunden, und es hat mir gut gefallen. Da hab ich es abgeschrieben. Wenn du willst, kannst du mir dasselbe Gedicht in mein Stammbuch schreiben.

Petra

Lieber Leo,
Du hast einmal gesagt, du bist mein Freund. Aber in der Pause stehst du immer beim Gerald und beim Michi. Kannst du mir das erklären?

Susi

Liebe Susi!
Ich kann mich doch nicht die ganze Pause zu dir stellen!

Leo

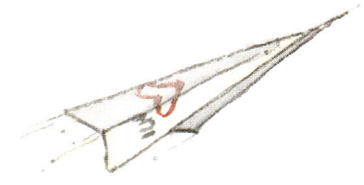

Liebe Frau Lehrerin!
Ich weiß nicht, wem ich sonst schreiben soll. Mir gefällt kein Mädchen aus unserer Klasse außer dir. Aber du bist schön und lieb. Das sagt auch mein Papa. Hoffentlich bleibst du immer meine Lehrerin. Sonst fällt mir dazu nichts mehr ein.

Georg

Lieber Sebastian!
Ich möchte gern mit dir gehen. Aber die Heidi aus der anderen Klasse sagt, du bist ein Kasanower. Ist das wahr?

Anna

Liebe Anna,
Nein!

Sebastian

Liebe Sarah!
Du hast schon ein bißchen Busen. Du gefällst mir.

Dein Alois

Lieber Alois!
Dein Brief ist eine Frechheit!!!

Sarah!!

Lieber Michael!
Ich schicke dir ein Herz. Hoffentlich weißt du warum. Das Herz macht man so: Man schneidet es aus und malt es mit einem roten Stift an. Dann verschmiert man die Farbe über den Rand auf ein Blatt Papier. Bitte schick mir auch ein Herz.

Deine Sabine

Liebe Sabine!
Ich finde Liebe und Küssen und so einfach blöd. Aus Mädchen mache ich mir nichts. Mein Herz gehört Admira-Wacker.

Michael

Franz Sales Sklenitzka

Redensarten auf den Mund geschaut

»Wo ist denn deine Birne?«
fragte die Deckenleuchte.
»Durchgebrannt! Einfach durchgebrannt!«
seufzte die Nachttischlampe.

»Es stinkt mir«,
sagte der Käse,
»ich verdufte!«
Und dann lief er vom Teller.

»Einmal kleben bleiben
ist keine Schande«,
sagte der Leim.
»Wer klebt, lebt.«

»Es ist zum Davonlaufen!«
sagte der Honig
und tropfte vom Löffel.

»Zum Reinbeißen siehst du aus!«
sagte die Zitrone zum Apfel.
»Wenn *ich* das täte, wärst du unheimlich
sauer!«
kicherte der Apfel.

»Ich lach mir einen Ast!«
sagte der ungehobelte Balken,
als er den stämmigen Tischler sah,
der ein Brett vor dem Kopf hatte.

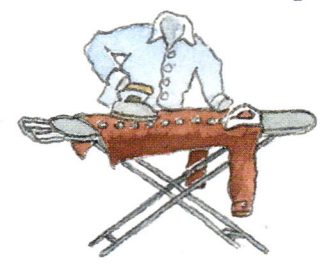

»Seid nicht so zugeknöpft!«
rief das Hemd seinen Freunden zu.
»Sonst geht es euch beim Bügeln an den
Kragen!«

»Es ist mir alles Wurst«, sagte das Brot.
»Du redest Käse«, entgegnete die Semmel.

»Ich habe einen Vogel!«
verkündete die Kuckucksuhr.
»Bei dir piept's wohl!«
sagte drauf die Meise.

»Ich kann schneller laufen als du!«
sagte der Hase zum Igel.
Aber der ließ sich nicht aufstacheln.

»Mir brennt der Boden unter den Füßen!«
fauchte die Rakete.
»Ich verzische mich!«

»Gleich zerreißt es mich!«
prophezeite der Böller.
»Dann haben wir Krach!«
zischte der Knallfrosch.

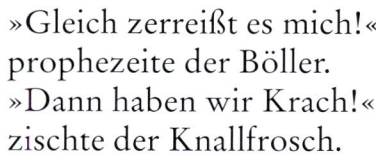

»Ich bin müde«, sagte die Mark.
»Keiner will mich ausgeben.«
»Laß dich aus dem Fenster werfen!«
riet die Spardose.

»Wo bleibt das Kamel?«
erkundigte sich das Nadelöhr.
»Es hat die Nase voll!«
antwortete das Taschentuch.

»Das geht auf keine Kuhhaut!«
brüllte der Stier,
als die Katze dem Hund auf der Nase her-
umtanzte und die Ziege mit der Gans
Schlittschuh fuhr.

»Ich hab einen sitzen!«
verkündete der Stuhl.
»Und ich dreh durch!«
quietschte der Bürostuhl.

Ursel Scheffler

99

Buchstäblich komisch &
wortwörtlich spaßig

Mondstich

Ich liege unterm Mondschirm
auf meiner Luftmatratze
und setze meinen Mondhut
auf meine blasse Glatze,
dann reib ich mir die Mondcreme
auf Nase, Bauch und Zeh',
sonst krieg ich einen Mondbrand,
und das tut ziemlich weh!
(Jetzt sagst du sicher, jede Wette,
daß ich wohl einen Mondstich hätte!)

WALTER MÜLLER

101

Celloläut und Geigophon

Äußerst seltne Instrumente,
Wohl die seltensten der Welt,
Die man *einzig* nennen könnte,
Werden euch hier vorgestellt.

Nicht *ein* Instrument – ich wette –
Kanntet ihr davon bis heut.
Oder kennt ihr Posaunette,
Zitterratsche, Celloläut?

Kennt ihr etwa Triangtine,
Mandolaute, Geigophon,
Saxotarre, Fieduline,
Cembel und Paukordeon?

Pianorgel, Tamburassel
Sind euch auch wohl unbekannt
Wie Spigott und Kontrabassel,
Oft auch Schrummocord genannt.

Gleichfalls fehlen euch die Worte
Xylonett und Cembalin,
Vibraleika, Bratschoforte,
Balaleier, Fagottin.

Fremd ist euch vor allen Dingen,
Wie die Castagnone tönt,
Wie die Tromposaunen klingen,
Wie das Hohelufthorn dröhnt.

Fragt ihr nun, ob Hans, ob Liese,
Weil ihr die Musik so liebt,
Ob es wirklich alle diese
Seltnen Instrumente gibt,

Kann ich darauf Antwort geben:
Was ich euch hier vorgestellt,
Kam vergnügt gerade eben
Frisch aus meinem Mund zur Welt.

JAMES KRÜSS

In der Konjugierbar

Neulich entdeckte ich eine neue Bar gleich um die Ecke. Über der Tür stand in Neonschrift »Konjugierbar«. Das freute mich, weil mich die Wunderbar und die Sonderbar schon lang langweilten. Ich ging also in die Konjugierbar, setzte mich an die Bar und fragte den Barkeeper, ob es auch etwas zu essen gäbe. »O ja«, sagte er, »Bandnudeln.«

»Fein«, sagte ich, »dann hätte ich gern eine Portion.«

»Übrigens«, sagte der Barkeeper, »möchten Sie sie konjugiert haben?«

»Wen?«

»Die Bandnudeln!«

»Bandnudeln kann man doch nicht konjugieren. *Bandnudeln* ist ein *Hauptwort,* und Hauptwörter werden *dekliniert:* Die Bandnudeln, der Bandnudeln, den Bandnudeln, die Bandnudeln! *Konjugieren* kann man nur *Zeitwörter!*«

»*Ich* kann Hauptwörter konjugieren«, sagte der Barkeeper. »Das hier ist die Konjugierbar.«

»Na schön«, sagte ich, »dann schießen Sie mal los und konjugieren Sie meine Bandnudeln!«

»Gerne«, sagte der Barkeeper: »Ich band Nudeln, du bandest Nudeln, er band Nudeln, wir banden Nudeln, ihr bandet Nudeln, sie banden Nudeln!«

»Na hören Sie!« sagte ich, »ich glaube, Sie haben nicht alle beisammen!«

»Beisammen!« strahlte der Barkeeper. »Kann ich auch konjugieren: Ich beiß Ammen, du beißt Ammen, er beißt Ammen, wir beißen Ammen, ihr beißt Ammen, sie beißen Ammen!«

Darauf ich: »Wissen Sie was: Mir ist der Appetit auf Ihre konjugierten Bandnudeln vergangen. Bringen Sie mir lieber eine Mokkatorte!«

»Aber gerne: I mag ka Torte, du magst ka Torte, er mag ka Torte …«

»Jetzt machen Sie Schluß, da kommt einem doch der Magensaft hoch!«

»Genau!« jubelte der Barkeeper: »Ich mag 'n Saft, du magst 'n Saft, er mag 'n Saft, wir mögen …«

»Sind Sie krank oder was? Sie kriegen hier drinnen wahrscheinlich zu wenig Luft und leiden an Mangelerscheinungen!«

»Richtig: Ich mangel Erscheinungen, du wringst Phänomene, er drückt Visionen aus …«

»Hören Sie, Sie machen mich noch ganz toll, aber sicher nicht liebestoll!«

»O ja, ich lieb es toll, du liebst es toll, er liebt es toll, wir lieben es toll …«

»Ach was, was geb ich mich mit so einem Preisochsen ab!«

Der Barkeeper rief begeistert: »Ich preis Ochsen, du preisest Ochsen, er preist Ochsen, wir preisen Ochsen …«

»Hören Sie, mir ist schon so schlecht von Ihren Blödheiten, geben Sie mir nur mehr ein Glas Wasser und ein paar Brausetabletten!«

Hätte ich es nur nicht gesagt. Denn der Barkeeper tanzte fröhlich hinter der Theke und sang: »Ich brause Tabletten, du brausest Tabletten, er braust Tabletten …«

Da verließ ich fluchend und fluchtartig die Konjugierbar und ging wieder nach Hause. Doch kaum hatte ich das Vorzimmer betreten, da ging es mir schon durch den Kopf: »Ich forz immer, du forzst immer, er forzt immer …«

MARTIN AUER

Das Rezept des Tages

Man nehme zwei Vogelspinnen
oder (wenn man sich vor Vogelspinnen fürchtet)
zwei Schusterkäfer
oder (wenn man sich vor Schusterkäfern graust)
zwei Emu-Eier
oder (wenn man keine Emu-Eier findet)
zwei Schneekristalle
oder (wenn gerade Sommer ist)
zwei Kugeln Himbeereis

und esse sie ungekocht!

GEORG BYDLINSKI

Wie HANS wieder
nach HAUS kam

Unser	HANS
hob die	HAND
ging zur	WAND
schützt vor	WIND
pfiff so	WILD
durch den	WALD
kam dann	BALD
mit dem	BALL
dem von	BILL
sah sein	BILD
wurd' ganz	MILD
doch er's	MIED
sang ein	LIED
als er	LIEF
und er	RIEF
bis nach	RIEM
dort er	RIEB
Sand durchs	SIEB
sah 'nen	DIEB
war nicht	LIEB
kriegt' 'nen	HIEB
rief dann	HIER
magst ein	BIER
kleiner	BAER
keine	MAER
los, zum	MEER
konnt' nicht	MEHR
kauft' sich	MEHL
aß sein	MAHL
schmeckte	FAHL
nicht sein	FALL
zog gen	HALL
spürt's im	HALS
lief nach	HAUS.

HANS GÄRTNER

105

Paula, die Leseratte

Es war einmal eine Leseratte, die hieß Paula und die trug eine große Brille mit dicken, krummen Gläsern. Die Gläser waren so dick, daß es aussah, als hätte Paula winzige Augen. Natürlich hatte sie keine kleinen Augen, sie sahen nur durch die Brillengläser so aus. Aber Paula war nicht eitel, und da machte es ihr nichts aus. Allerdings konnte Paula nur sehr schlecht sehen. Ohne Brille sah sie überhaupt nichts, und mit Brille sah sie zwar ein bißchen, doch immer noch sehr wenig. Und das ist für eine Leseratte schlecht, denn zum Lesen braucht man gute Augen. Paula sah so wenig, und das Lesen war für sie so anstrengend, daß sie an jedem Tag nur einen Buchstaben las. Wenn sie ein neues Wort begann, dann las sie am ersten Tag den ersten Buchstaben, am zweiten Tag den zweiten Buchstaben und so weiter, Tag für Tag. Und wenn das Wort zu Ende war, dann machte Paula einen Tag Pause und ruhte sich aus.

Eines Tages fand Paula ein neues Wort in einem Buch, und sie sagte sich: »Dieses schöne Wort werde ich jetzt lesen. Es hat fünf Buchstaben. Das ist nicht zu wenig und nicht zuviel. Heute ist Montag. Wenn ich jetzt anfange, bin ich am Freitag fertig.«

Und gleich machte sich Paula an die Arbeit. Sie setzte sich die dicke Brille auf, rückte ganz nah an das Buch heran und begann zu lesen. Und am Nachmittag wußte Paula, wie der erste Buchstabe hieß. »P«, sagte Paula. Dann dachte sie sich Wörter aus, die mit P anfingen. »Post«, sagte Paula. »Purzelbaum, Pastor und Papagei.« Und sie wackelte vor Freude mit ihrem Rattenschwanz. »Panama!« rief sie. »Popel und Pirat! So schöne Wörter gibt es mit P!«

Dann legte sich Paula ins Bett. Sie freute sich schon sehr auf den zweiten Buchstaben, und die ganze Nacht träumte sie Wörter mit P.

Am zweiten Tag las Paula den zweiten Buchstaben. Es dauerte eine Weile, doch dann hatte sie es heraus. »A«, las Paula. »So ein schöner Buchstabe«, freute sie sich und suchte gleich nach Wörtern, die mit A beginnen. »Anfang!« rief Paula. »Anker, Affe, Ananas!«

Am dritten Tag las Paula den dritten Buchstaben. Natürlich brauchte sie einige Zeit, doch dann sagte sie: »U.« Sie wackelte kräftig mit ihrem Schwanz vor Freude, denn ihr fielen ein paar wunderschöne Wörter mit »U« ein. »U-Bahn«, sagte Paula. »Ulk, Umschlag, Uhu und Ums!« Aber da stutzte sie. »Was ist ein Ums?« fragte sich Paula. »Nein«, rief sie und lachte. »Ein Ums gibt es gar nicht! Aber es ist ein wunderschönes Wort mit U.«

Am vierten Tag las Paula den vierten Buchstaben. Sie setzte sich die dicke Brille auf, hockte sich nah vor ihr Buch, und dann las sie. Am Abend hatte sie es heraus. »L« sagte Paula. Und so laut sie konnte, sagte sie Wörter mit L. »Lebertran«, rief sie. »Liederbuch! Löffel, Lümmel, Lutschbonbon!« Sie klatschte in die Hände und wedelte mit ihrem Rattenschwanz, daß er wie eine Peitsche auf den Boden knallte.

Am fünften Tag las Paula den fünften Buchstaben. Das ging schnell, denn den gleichen Buchstaben hatte sie vor kurzem erst gesehen. Es war ein »A«.

»Auto«, sagte Paula. »Abend und Apfel. Das sind Wörter mit A.«

Am sechsten Tag machte Paula Pause. Da hatte sie Zeit genug, die Buchstaben zusammenzusetzen. Sie buchstabierte einen nach dem anderen: »P-A-U-L-A.« Und dann hatte sie das Wort heraus.

»Paula!« sagte sie. »So ein schönes Wort!« Sie tanzte im Kreis und sprang Seil mit ihrem Rattenschwanz vor Freude. »Paula!« rief sie. »So ein wunderschönes Wort! Das bin ja ich!« Dann sank sie erschöpft auf den Boden.

»Puh«, sagte Paula. »Das war nicht leicht. Aber die Anstrengung hat sich wirklich gelohnt!« Und noch im Schlaf flüsterte sie: »So ein wunderwunderwunderschönes Wort!«

MARTIN EBBERTZ

Das Dreieck

Es steckt in einem DREI-
ECK so allerlei.

Zunächst die DREI und das EI
auch der EID ist mit dabei
dann die ERDE und die ECKE
und die REDE und die DECKE!
Auch das DIE steckt irgendwo
und die KREIDE sowieso!
Selbst der EDI und der RICK
(und das kleine Wörtchen DICK)
und die EIER und das RECK
und – ach ja! – sogar der DRECK!

WALTER MÜLLER

Fliegen

 Sie gern?
Nein, ich nicht gern.
Das macht mir keinen Spaß.
Seit mein Bruder beim verun-
glückte,
 ich nicht gern.
Soll , wer will.
Ich jedenfalls lieber nicht.

Schleifen

 Sie gern?
Nein, ich nicht gern.
Das macht mir keinen Spaß.
Seit mein Bruder beim ver-
unglückte,
 ich nicht gern.
Soll , wer will.
Ich jedenfalls lieber nicht.

Bürsten

 Sie gern?
Nein, ich nicht gern.
Das macht mir keinen Spaß.
Seit mein Bruder beim verun-
glückte,
 ich nicht gern.
Soll , wer will.
Ich jedenfalls lieber nicht.

HANS GÄRTNER

Zwie-Sprache

Ein ZWIE allein, der kommt nicht weit …
den ZWIE-gesang singt man zu zweit.

Den ZWIE braucht man für viele Dinge …
zum Beispiel für die ZWIE-belringe.

Der ZWIE lacht nie und ist nicht witzig …
ein ZWIE-gespräch wird manchmal hitzig.

Ein ZWIE allein ist echt zum Gähnen …
das ZWIE-licht läßt die Augen tränen.

Tu dir's nie mit dem ZWIE verscherzen …
der ZWIE-back hilft bei Magenschmerzen.

Der ZWIE ist wichtig, wie ich glaube …
der Kirchturm trägt 'ne ZWIE-belhaube.

Es reißt mich her, es reißt mich hin …
warum ich so im ZWIE-spalt bin?

WALTER MÜLLER

Kilometerfresser

»Achtung! Achtung! Eine Durchsage der Verkehrspolizei! Auf der Autobahn München–Garmisch befinden sich mehrere Kilometerfresser in Richtung Süden. Sie verschlingen alles, was sich ihnen in den Weg stellt!«

»Habt ihr das gehört?« fragte der Vater.

»Ja«, antwortete die Mutter.

»Wenn das wahr ist«, sagte Kurt.

»… dann werden sie gleich bei uns sein«, fiel ihm Ulla ins Wort.

»Fahr schon auf die rechte Spur«, bat Mutter. Der Vater stellte den Blinker nach rechts und rollte mit seinem Auto auf die rechte Fahrbahn. Die Familie war auf dem Weg nach Italien. Dort wollte sie Urlaub machen.

»Ich sehe schon den ersten im Rückspiegel«, brummte Vater. Kurt und Ulla blickten nach hinten.

Tatsächlich, da kam der erste Kilometerfresser angerast. Mit aufgerissenen Augen glotzte er auf die Fahrbahn. Gierig schnaufte er mit seiner Nase, und Kilometer um Kilometer fraß er sich vorwärts.

»Jetzt ist er schon auf gleicher Höhe mit unserem Wagen«, stellte Mutter fest.

»Wusch! Schon vorbei!« rief Ulla.

»Da kommt der nächste«, sagte Kurt.

»Und dahinter der dritte«, brummte Vater. Als zehn dieser Kilometerfresser vorübergerauscht waren, blinkte der Vater nach links. »So, jetzt sind wir dran«, erklärte er. Im selben Augenblick riß sein Wagen die Augen auf, schnaubte gierig und fraß mit ungeheurem Appetit Kilometer um Kilometer in Richtung auf Italien zu.

Alfons Schweiggert

Zahlwörterversteckspiel

Karin hat immer die besten Spielideen. Wenn niemand mehr weiß, was man noch spielen kann, macht Karin ihr Schächtelchen auf.
Ihr Spielideenschächtelchen.

Was holt Karin heute daraus hervor?
Das Zahlwörterversteckspiel.
»Es geht ganz einfach. Ihr sollt Wörter nennen, wo mittendrin ein Zahlwort versteckt ist. Zum Beispiel: In *Schachtel* steckt *acht* drin. Kapiert? Setzt euch bitte im Kreis. Jeder kommt so lange dran, bis ihm kein richtiges Wort mehr einfällt. Bei Fini geht's los.

Beinahe hätte ich's vergessen: Wer nichts weiß oder etwas Falsches sagt, muß ein Pfand hergeben. So, Fini, *eins!*«
Fini denkt gar nicht lange nach, und schon hat sie das erste Wort: »*Weinsenf!*«
»Denkste!« fährt Karin dazwischen. »*Weinsenf* stimmt und stimmt nicht. Es stimmt, weil *eins* wirklich darin vorkommt. Es

stimmt nicht, weil *Weinsenf* ein Blödsinn ist. *Weinsenf* – so was gibt's doch nicht!«
Die anderen pflichten Karin bei. »Also dann: *Schweinsleberwurst*«, sagt Fini. Sie hatte vorher ein bißchen Zeit zum Überlegen. »Und *Leinsamenbrot*. Das kaufe ich immer für Omi und bring es ihr mit, wenn ich sie besuche.«

»Wir wollen lieber wissen, was Kurt mit *zwei* anfängt!«
Kurt ist gar nicht verlegen. »*Entzweigehen!*«
»Das gilt. Das ist nicht schlecht!«
»Gilt auch *Halsweite?*« fragt Kurt.
»Spinnst wohl, schreib das Wort mal auf!«
Kurt schreibt *Halsweite*.

»Nee, da steht ein *s* statt *z*.«
Das Spiel geht weiter. Für *drei* bringt Xandi *antreiben* hervor, aber das stimmt wieder nicht. Xandi muß, wie vorher schon Kurt, ein Pfand hergeben. Ebenso Anne, der bei *vier* eigentlich *klavierspielen* hätte einfallen müssen. Sie hat doch mit dem *Klavierspielen* soeben erst angefangen.

Niemand weiß ein Wort, in dem *fünf* versteckt ist.

Bert ist dran mit *sechs.* Es dauert eine ganze Weile, bis Bert zugibt: »Nichts geht.«

»Wie wär's mit *Paradiesechse?*« schlägt Karins Vater vor, der gerade hereinkommt.

»Vorsagen gilt nicht, Papi!« ruft Karin vorwurfsvoll.

Bei *sieben* kommt von Almut *Siebenmeilenstiefel.* Alle staunen. Sie lassen das Wort gelten, auch wenn *sieben* nicht im Wort versteckt ist.

»Bei *acht* kannst du loslegen, Gunde«, feuert Karin ihre beste Freundin an. Da sprudelt's schon aus Gunde heraus: »*Wachtel, prachtvoll, sachte, geschlachtet, Spachtel,*

Wachturm, Trachtenanzug, verachten, schmachten…«

»Was heißt denn *schmachten?*« will Rita wissen.

»Nie gehört!«

»*Schmachten* – das ist, wenn… Ach, du fragst auch immer bei allem und jedem so viel!«

»Aufhören!« schlägt Herbert jetzt vor. »Mir wird schon ganz zweierlei. Alles dreht sich in meinem Kopf. Ich sehe nur noch versteckte Zahlwörter. Aber so lange ich auch nachdenke, für *neun* fällt mir nichts ein, auch für *zehn* nichts. Andauernd muß ich an *Milchzähne* denken, aber das geht wohl nicht, oder?«

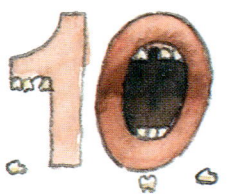

»*Elf* machen wir noch«, bittet Christian, »da weiß ich ein paar ganz wunderschöne zusammengesetzte Wörter. Also: *Kreiselfett* und *Muschelfilm* und *Windelfrau* und *Kabelfisch* und …«

»Der meint wohl *Kabeljau,* und außerdem hat er nicht mehr alle Tassen im Schrank.« Kurt ist böse auf Christian. Einen Spielver-

derber heißt er ihn und eine Null. Und daß er eigentlich *Gabelfisch* sagen wollte, behält er – beleidigt – für sich.

»*Null!* Mensch! *Null* haben wir völlig vergessen! *Null* ist auch eine Zahl«, behauptet Karin steif und fest. »Wer weiß ein Wort, in dem sie drinsteckt?«

Hans Gärtner

Die Nikolaus im Dezember

»Wer war schon wieder an den Plätzchen?« rief die Mutter verärgert. »Und wer hat an der Marzipankugel geknabbert?«

Weil die Kinder wußten, wer es war, verrieten sie es der Mutter: »Mama«, sagten sie, »das war die gefräßige Nikolaus.«

»Soso«, tobte die Mutter. »Dann soll sie die Sachen auch wieder gefälligst zurückbringen.«

Die Kinder sagten das sofort der Nikolaus. Die schämte sich und versprach, den Schaden wiedergutzumachen.

Seit dieser Zeit bis zum heutigen Tag kommt am 6. Dezember eines jeden Jahres die Nikolaus in die Familie und bringt der Mutter die geklauten Sachen zurück: Plätzchen, Nüsse, Schokolade und so weiter.

Die Kinder stehen dabei und schauen mit hungrigen Augen auf all die schönen Leckereien. Die Mutter sieht, wie ihnen vor Appetit fast die Augen aus dem Kopf fallen, und sie gibt ihnen deshalb etwas von dem zurückgebrachten Diebesgut ab, aber nur, wenn die Kinder ein nettes Sprüchlein aufsagen wie dieses:

»Liebe gute Nikolaus,
fraßest alle Töpfe aus.
Bring deshalb zurück, du Guter,
was du klautest unsrer Mutter!«

So ein Verslein freut die Mutter, und sie gibt den Kindern Naschereien.

Weil sich die Nikolaus manchmal vor den vielen Gaffern recht schämt, die sie anstarren, wenn sie das Gestohlene zurückbringt, verkleidet sie sich häufig. Sie zieht sich eine Mütze ins Gesicht, hängt sich einen Rauschebart vor ihr gefräßiges Maul und kleidet sich ganz rot. Dann sieht man ihr schamrotes Gesicht nicht so genau. Schlau, was?

ALFONS SCHWEIGGERT

Das N   gespenst

Um   vor   ,
da schleicht ganz s
das N   gespenst umher
und m
Frau Bl   betr   lich Angst.
Sie schm   et:
»   im,

was hat mich n   s
bloß aus der süßen Ruh' gebr   ?
Bin aufgew   ,
da hat's gekr   !
Ich d   ,
ich werd geschl   '!«
»   heodora«,
spr   im Bl   ,
»ich hab da 'nen Verd   .
Du hast vielleicht – ganz unbed   –
das N   tischlämpchen kurz entf   !«
Da hat Frau Theodora Bl
hellauf gel   , gel   , gel   .
Um   nach   ,
da schleicht ganz s
das N   gespenst davon.
Gebt   !

HANS GÄRTNER

Kleine Bärenkunde

Die wenigsten Leute wissen, daß es außer *Braunbär*, *Grizzlybär* und *Pandabär* noch viele andere Bären gibt.

Brummbären werden leider sehr oft mit den *Brombären* verwechselt, die sehr ruhige und schläfrige Bären sind, weil sie sich von Brom ernähren, was ein Beruhigungsmittel ist. In Erdlöchern wohnen bekanntlich die *Erdbären*.

Leider gibt es auch eine Bärenart, die dem Alkohol verfallen ist. Es sind die *Blaubären*. Ein Bär, der in einer Stunde eine halbe Tonne Klee verzehren kann, ist der *Superkleebär*.

Dann gibt es eine sehr unangenehme Bärenart: dieser Bär ist klein und rundlich und schreit sehr laut. Er heißt deswegen *Kugelschreibär*.

Der *Reubär* heißt so, weil er immer die Bienenstöcke ausraubt und das danach bitter bereut. (Aber vielleicht weniger aus schlechtem Gewissen, sondern weil er so zerstochen ist.)

In Persien wohnte der *Schahbär*, der aber praktisch ausgerottet ist.

Der *Wehbär* kann einem nur leid tun, weil er oft starke Schmerzen leidet, oder zumindest tut er immer so, um Mitleid zu erregen.

In den Wäldern schleicht nachts heimlich der *Holzklaubär* herum und klaut Holz, während am Morgen im Tau der Wiesen der *Taubär* gurrt.

Im Winter ist auf verschneiten Hängen der *Schibär* anzutreffen, und ein seltsames Doppelwesen ist der *Bibär*. Gar immer nur zu acht anzutreffen ist der *Oktobär*. Verwandt mit ihm sind der etwas kleinere *Septembär* und der größere *Novembär*.

Ständig entweder erstaunt und bestürzt ist der *Ohbär*, und darum heißt er so, weil er zu allem und jedem »Oh!« sagt.

Ein sehr verschlossenes Tier ist der *Zubär*, und der einzige flugfähige Bär ist der *Hubschraubär*.

Am unbeliebtesten aber ist der faule *Zaubär*.

MARTIN AUER

Der Flaumenkern

Es war einmal ein Flaumenkern,
der jammerte: »O weh!
Ein Pflaumenkern wär' ich so gern,
doch fehlt mir vorn ein P!«

Er dachte sich: wie schön das wär'
als Kern in einer Pflaume,
ganz weich und warm und ungefähr
dort oben auf dem Baume!

Die andern lachten ihn nur aus,
die waren echt gemein,
drum ging er ins Buchstabenhaus,
um sich ein P zu leihn.

Der Herr Verleiher sagte: »Schad.
Damit kann ich nicht dienen.
Ich hab kein P… doch hätt' ich grad
ein Q – das schenk ich Ihnen!«

Der Flaumenkern war hocherfreut,
und er bedankte sich –
»kein Pflaumenkern lacht wohl ab heut
noch einmal über mich!«

Er kam nach Haus und sagte mild:
»He, klingt das nicht modern?«
und zeigte auf sein Namensschild –
da stand: »Qflaumenkern«.

Sofort probierte einer aus,
das Namensschild zu lesen.
Ihm fielen fast die Zähne raus,
so schwer ist das gewesen!

Sie kamen aus dem ganzen Land,
doch keinem ist's gelungen.
Statt dessen gibt es allerhand
total verbeulte Zungen.

Und siehst du wo den Qflaumenkern,
dann laß ihn bitte wissen:
Ich habe mir schon gut und gern
acht Zähne ausgebissen!

WALTER MÜLLER

Das verschwundene R

Seit Tagen kann Robert nur mehr an eines denken: Wie komme ich zu einem R?

Roberts R ist nämlich verschwunden. Um welches Wort es sich auch handelt – wo bei anderen ein R zu hören ist, bei Robert fehlt es. Oder es drängt sich gar ein anderer Buchstabe an die Stelle vom R, wo er nichts zu suchen hat.

Jeden Tag hofft Robert, daß das R wieder da ist. Aber sosehr er sich auch bemüht – aus dem *Regenbogen* wird ein *egenbogen*, aus dem *raufen* wird *laufen,* und aus der *Rose* eine *Hose.* Robert ist verzweifelt. Acht Jahre ist er alt und kann kein R aussprechen. Alle lachen ihn deswegen aus.

Mit der Zeit hat sich Robert angewöhnt, wenig zu reden, vor allem möglichst keine Wörter mit R zu verwenden. Aber das ist nicht einfach.

Zum Glück ist Roberts Familienname *Kunz.* Da kommt wenigstens kein R vor. Robert läßt sich auch nur mit *Kunz* anreden. Weil er doch seinen Vornamen nicht richtig aussprechen kann. Die meisten Leute wundern sich sehr über diesen einsilbigen *Kunz,* der kaum einen ganzen Satz sagt.

Robert weiß nicht, was mit seinem R geschehen ist. Es muß bereits verschwunden sein, als er noch klein war, denn er kann sich nicht daran erinnern. Wenn alle Leute ein R haben, muß er, Robert, wohl auch einmal ein R besessen haben.

Eines ist für Robert klar – ein neues R muß her! Aber wie soll das gehen?

Robert geht in den Supermarkt. Er schaut genau in alle Regale. Nichts entgeht ihm. Immer wieder suchen seine Augen alles ab. Aber nirgendwo ist ein R zu sehen, auch nicht das kleinste.

Der Geschäftsführer hat Robert die längste Zeit beobachtet. Eine Stunde ist er bereits hier. Immer wieder geht er durch die Reihen, legt aber nichts in seinen Einkaufskorb.

»Du willst wohl etwas stehlen!« herrscht der Geschäftsführer Robert an. »Aber nicht bei mir! Verschwinde, sonst hole ich die Polizei!«

»Nein, nein, ich suche doch bloß ein …« versucht Robert zu erklären und haut dann schnell ab. Wie sollte er denn sagen, daß er dringend ein R benötigt!

Nachdenklich schlendert Robert durch die Straßen. Vielleicht hat er auf dem Flohmarkt Glück. Hier gibt es die ausgefallensten Dinge, und Robert würde sich auch

»So etwas haben wir nicht«, sagt die Verkäuferin verwirrt.

»Da steht aber, daß Sie alles haben«, sagt Robert und deutet auf die Tafel im Schaufenster.

»Frage in einem anderen Geschäft!« rät ihm die Verkäuferin. »Ich schenk dir ein Stück Schokolade.«

Robert bedankt sich und geht. Warum sie ihm Schokolade geschenkt hat? Vermutlich war es der Verkäuferin peinlich, im Schaufenster etwas Falsches angekündigt zu haben.

»Der Junge tut mir leid«, sagt die Verkäuferin leise.

mit einem alten, gebrauchten R begnügen. Hauptsache, er hätte wieder eines.

Doch auch auf dem Flohmarkt hat er kein Glück. Es gibt abgeschlagene Kaffeekannen, bemalte Nachttöpfe, blinde Spiegel, alte Puppen, aber kein einziges R. Nicht einmal ein schäbiges.

Robert sucht weiter. Heutzutage gibt es doch alles zu kaufen! Diesmal scheint es zu klappen.

»Hier finden Sie alles, was Ihr Herz begehrt« – so steht es im Schaufenster eines kleinen Ladens. Roberts Herz begehrt nur ein R. Schon hat er die Türklinke in der Hand, da fällt ihm ein, er könne doch der Verkäuferin nicht sagen, daß er ein R möchte, wo er es doch nicht aussprechen kann. Aber er findet eine Lösung: Robert zeichnet ein schönes, großes R auf ein Papiertaschentuch und betritt den Laden.

»Guten Tag«, sagt er. »Bitte, ich möchte ein …« und hebt das Taschentuch mit dem R hoch.

»Papiertaschentücher führen wir leider nicht«, sagt die Verkäuferin, »aber falls du dringend eins brauchst, gebe ich dir eins.«

»Nein, nein«, meint Robert, »kein Taschentuch. Ich benötige ein …« Und er deutet auf das R.

»Wer tut Ihnen leid?« fragt der Ladenbesitzer, der soeben hereinkommt.

»Ach«, meint sie, »gerade war ein kleiner, total verwirrter Junge hier, der ein R kaufen wollte.«

»Und weshalb haben Sie es ihm nicht verkauft?« fragt der Ladenbesitzer.

»Aber wir haben doch keine R«, sagt die Verkäuferin.

»Keine R, so eine Schlamperei!« schimpft der Chef. »Muß ich mich wirklich um alles kümmern?! Na, dann bestellen Sie doch R beim Lieferanten! Aber gleich einen größeren Posten. Das schadet doch meinem Ruf, wenn ich die Wünsche meiner Kunden nicht erfüllen kann!«

Robert hat immer noch kein R gefunden. Überall begegneten ihm nur Gelächter, Kopfschütteln und Beschimpfungen.

Robert ist müde. Die Füße tun ihm weh, denn er ist den ganzen Tag kreuz und quer durch die Stadt gelaufen. Nun ist er in einer unbekannten Gegend gelandet: enge, winkelige Gassen, schmale Häuser um einen kleinen Platz mit einem großen Steinhaus. Robert starrt dieses Haus an. Auf einem verblaßten Holzschild liest er: »Gasthaus Zum klugen Raben«.

Ein Rabe ist dazugemalt. Robert betrachtet ihn mißmutig.

»Was starrst du mich so an?« krächzt der Rabe plötzlich. »Hast du noch nie einen Raben gesehen? Oder kannst du mich nicht gut sehen, weil sie mich ins letzte Eck gemalt haben? An den untersten Rand und schlecht ausgeleuchtet. Wer bist du eigentlich?«

»Ich bin Kunz«, antwortet Robert.

»Kunz?« sagt der Rabe. »Kunz? Ich habe gedacht, Hinz und Kunz heißt man nur im Märchen. Aber Leute, die nicht einmal wissen, daß man auf einem Wirtshausschild das Wichtigste in die Mitte malt, solche Leute nennen ihre Kinder vermutlich auch Kunz.«

»Kunz ist mein Familienname«, sagt Robert.

»Ich will aber deinen Vornamen wissen«, sagt der Rabe.

»Den kann ich nicht nennen«, sagt Robert. »Ich habe kein…« Dabei hebt er wieder sein Taschentuch hoch.

»Kein R«, sagt der Rabe. »So etwas habe ich noch nie gehört. Jeder hat doch ein R.«

»Meines ist aber weg«, sagt Robert. »Nirgends bekomme ich ein neues.«

»Kein R?« fragt der Rabe und schüttelt den Kopf.

Lange schweigen beide.

Plötzlich krächzt der Rabe los: »Ich habe eine Idee! Was heißt Idee? Den Einfall des Jahrhunderts! Damit ist uns beiden geholfen. Du brauchst ein R, und ich möchte heraus aus dieser schlecht beleuchteten Ecke, wo mich keiner sieht. Also – was tun wir?«

»Weiß ich nicht«, sagt Robert.

»Aber ich weiß es«, entgegnet der Rabe. »Du bekommst das R vom Gasthausschild, und ich hüpfe auf den leeren Platz.«

Der Rabe stützt den linken Flügel in die Hüfte, schiebt sein linkes Bein etwas zur Seite und hebt den Schnabel, so daß sein Profil etwas hochnäsig wirkt.

»Na«, fragt er, »bin ich nicht ein viel schöneres R? Was sagst du jetzt?«

»Großartig!« ruft Robert. »Du bist das schönste Raben-R auf der ganzen Welt!« Dabei genießt Robert jedes R, das er über die Zunge rollen läßt.

Der Rabe lächelt stolz und zufrieden. »Als kluger Rabe muß ich dir aber noch einen klugen Spruch mit auf den Weg geben«, meint er und hebt seinen Schnabel noch ein bißchen höher. »Denk nicht mehr länger an dein R, denk lieber an mich, den klügsten Raben, den schönsten und eitelsten!« Dabei zwinkert er Robert zu.

In den nächsten Tagen und Wochen läuft Robert immer wieder durch die Straßen. Aber das Gasthaus »Zum klugen Raben« kann er nicht mehr finden. Es ist wie vom Erdboden verschwunden.

Doch sein R, das hat Robert von nun an. Bald ist es für ihn so selbstverständlich, daß er gar nicht mehr daran denkt. Nur an den Raben, an den denkt er noch oft.

CHRISTINE MÜLLER

119

Brotlose Berufe

Einer der brotlosesten, aber sicher auch der bekannteste dieser Berufe ist der *Zitronenfalter.* Eine schwierige und völlig nutzlose Beschäftigung. Weniger bekannt dürfte ein enger Verwandter von ihm sein, der *Birkenspanner.* Wozu soll es aber auch gut sein, Birken zu spannen? Wenigstens übt der Birkenspanner seinen Beruf in freier Natur aus, wohingegen der *Barhocker* acht Stunden täglich seine Gesundheit aufs Spiel setzt. Und will der *Gassenhauer* dafür Geld verlangen, daß er Gassen haut? Und was haben sie ihm überhaupt getan? Vielleicht braucht man ja im Orchester hin und wieder einen *Geigerzähler,* um festzustellen, ob alle da sind und das Konzert beginnen kann. Aber eigentlich könnte das der Dirigent auch selber machen. Hoffnungslos optimistisch muß freilich sein, wer den Beruf des *Genießers* ergreift. Wie oft wird schon ein Mann gebraucht, der in G niesen kann? Vielleicht einmal in fünf Jahren.

Und *Glaubenseifer?* Wer läßt sich schon seinen Glauben seifen? Ich sicher nicht. Nützlicher ist da schon der *Heimkehrer.* Wozu aber braucht man einen *Kinderlehrer?* Wenn sie voll sind, leeren sie sich doch ganz von selber. Ein unangenehmer Wichtigmacher ist der *Lokalanzeiger.* Zwar mag es ja hin und wieder nötig sein, das eine oder andere Lokal anzuzeigen, aber daraus einen Beruf zu machen … Und was, bitte, soll ein *Magenbitter?* Worum bittet er den Magen? Oder bittet er um einen Magen? Und der *Obersteller?* Wohin stellt er den Ober? Und warum? Oder stellt er den Ober etwa so, wie man einen Dieb stellt?

Immer seltener wird mit dem Fortschritt der Technik auch der *Rechenschieber.* Besonders in Anbetracht der Tatsache, daß es viel nützlicher ist, den Rechen zu ziehen. Was aber will der *Schiflieger* erreichen? Wen kümmert's denn schon, ob er schief liegt oder gerade? Geradezu schädlich aber ist der *Sonntagstaucher!* Der Sonntag ist doch kurz genug, warum ihn auch noch stauchen?

Staatstrauer freilich ist ein durchaus lobenswerter Beruf. Es liegt sicher im Interesse der Völkerverständigung, Staaten miteinander zu trauen.

In der Zeitung lese ich, daß die Luftwaffe für die neuen Kampfflugzeuge absolute *Topflieger* sucht. Ich bin ja nun prinzipell gegen jede Art von Militarismus. Aber davon abgesehen: Wozu braucht die Luftwaffe Leute, die in einem Topf liegen? Das verstehe ich nicht. Hier werden doch wieder nur unsere Steuergelder verschwendet.

Ganz im Trend der heutigen Zeit liegt freilich der *Vogelbauer.* Wenn die Vögel einmal nicht mehr selber für ihren Nachwuchs sorgen können …

Absolut überflüssig ist freilich ein *Schlachtermesser.* Oder dürfen Schlachter erst ab einer bestimmten Größe ihr blutiges Handwerk ausüben und müssen daher gemessen werden?

Ob aber *Verbraucher* noch als Beruf zu werten ist? Ist es nicht eher eine Sucht, oder zumindest ein Laster, Verben zu rauchen? Der *Verbrecher* freilich wird das so geschändete Verb rächen!

MARTIN AUER

Schwer verdaulich

Der Bücherwurm wohnt im Bücherregal.
Bücher sind seine Lieblingsspeise.
Manchmal knabbert er
an einem Liederbuch.
Dann wird er vergnügt
und singt und lacht.
Manchmal erwischt er
ein kluges Buch.
Dann wird er ganz still
und denkt lange
über das Leben nach.
Einmal frißt er von den Gruselgeschichten.
Er kann nicht einschlafen.
Er horcht auf das Knicken
und Knacken im Regal
und fürchtet sich.
»Dieses Buch ist wirklich
schwer verdaulich!« sagt er.

FRAUKE NAHRGANG

Zwei Zweizeiler

Es ist noch kein Meister vom Himmel gefallen –
wahrscheinlich weil noch keiner oben war.

Um erfolgreich zu sein, muß ein Fotograf
viel Klick im Unklick haben.

MATTHIAS HOPPE

Das Frühstücks-Ei

Es war einmal ein Frühstücks-Ei,
das lag im Eiertopf,
der Wecker zeigte 8-Uhr-3,
da macht' es plötzlich »klopf!«.
Das Frühstücks-Ei sprach rasch: »Herein!«
(Das hätt' es besser nicht gemacht.)
Es blieb die Schale ganz allein…
Der Wecker zeigte 8-Uhr-8.

Das Frühstücks-Zwei

Es war einmal ein Frühstücks-Zwei
(zwei Zwillings-Eier-Schwestern),
das zweite aß ich heute früh,
das erste aß ich gestern.

Das Frühstücks-Drei

Es war einmal ein Frühstücks-Drei,
ein graues, weißes, blaues,
ich mach drei Fäuste mit der Hand,
sag »Achtung!« und zerhau es.

Es war einmal ein Frühstücks-Drei,
ein graues, blaues, weißes,
ich mach meine drei Mäuler auf,
sag »Mahlzeit!« und zerbeiß es.

Es war einmal ein Frühstücks-Drei,
ein blaues, weißes, graues,
ich klopf mir dreimal auf den Bauch,
sag »Köstlich!« und zerkau es.

WALTER MÜLLER

Meine Lieblingswörter

Schlafittchen
Fisimatenten
Spompanadeln
Larifari
Papperlapapp
Schlawiner
Bombast
Flederwisch
Schnippchen

Martin Auer

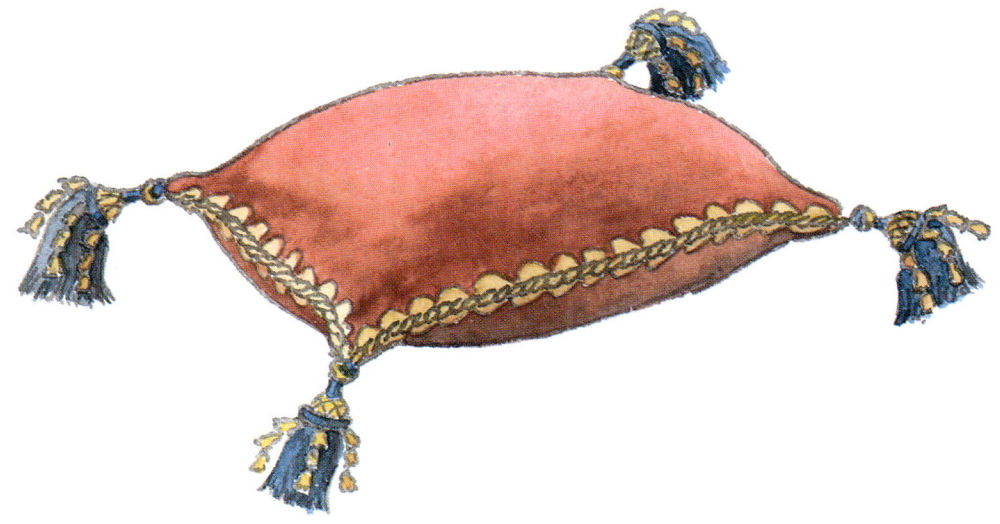

Inhalt

Fabelhaft & Märchenschön

Sprüchemacher & Redenschwinger

Buchstäblich komisch & wortwörtlich spassig